Diolch

I BAWB A gyfrannodd i'r llyfr hwn, *Ar Grwydir Eto*. I'm gwraig Beti am ei gwaith yn teipio nifer o'r penodau. Mae 'niolch yn fawr ac yn ddiffuant i Lefi a staff Gwasg y Lolfa am bob cydweithrediad ac am y gwaith graenus. Diolch yn arbennig i Meleri Wyn James am ei hamynedd, ei chyfarwyddid a'i hawgrymiadau adeiladol. Diolch i'r cyfranwyr am rannu eu hatgofion mewn brawddeg a phennod.

Ar Grwydir Eto

*I Eifion Williams, Crown Stores, a Delyth Jones, y Pantri,
y ddau a fu mor ofalus o bawb yn ystod cyfnod y Coronafeirws.
Doedd dim yn ormod iddynt. Mae'n syndod fel mae
gweithredoedd o garedigrwydd a chymwynasgarwch yn
harddu bywyd a chymdeithas.*

Ar Grwydir Eto

Portreadau o rai o grwydriaid nodedig Cymru, yn cynnwys Dewi Emrys, W H Davies a Bili Bwtsiwr Bach

GORONWY EVANS

Argraffiad cyntaf: 2020
© Hawlfraint Goronwy Evans a'r Lolfa Cyf., 2020

Cynllun y clawr: Y Lolfa
Diolch i Tim Jones am y lluniau o lansiad *Ar Grwydir*

Rhif Llyfr Rhyngwladol: 978 1 78461 998 5

Dymuna'r cyhoeddwyr gydnabod cymorth ariannol
Cyngor Llyfrau Cymru

Cyhoeddwyd ac argraffwyd yng Nghymru
ar bapur o goedwigoedd cynaliadwy gan
Y Lolfa Cyf., Talybont, Ceredigion SY24 5HE
e-bost ylolfa@ylolfa.com
gwefan www.ylolfa.com
ffôn 01970 832 304
ffacs 01970 832 782

Cynnwys

Ar Grwydir Eto

YM MIS HYDREF 2016, yn Festri Brondeifi, Llanbed, lansiwyd y llyfr *Ar Grwydir*. Roedd yn dirwyn hanes rhai o'r crwydriaid neu dramps fyddai'n teithio ar hyd Cymru yn flynyddol, yn ogystal â chofio am gymuned y Sipsiwn. Cafwyd noson i'w chofio gyda'r festri yn orlawn. Paratowyd Te Tramps i bawb gan Delyth Jones, y Pantri. Daeth David Williams, y Dolau, wedi ei wisgo fel trempyn. Cafwyd perfformiadau gan Doreen Lewis, Kees Huysmans, gydag Elonwy ei briod yn cyfeilio iddo, ac fe roddodd y Parch Alun Wyn Dafis ddatganiad ar yr acordion. Argraffwyd y llyfr gan Wasg Gomer a'i dywys drwy'r wasg gan John B Lewis a'i griw.

Cyhoeddwyd deuddeg cant o lyfrau ac erbyn y Nadolig dim ond tri deg ohonynt oedd yn weddill. Mae fy niolch i Karine Davies o Dregaron a Myra ac Arthur Davies, Cil-y-cwm, am ofalu bod y gyfrol yn cyrraedd siopau llyfrau yn y canolbarth ac yng ngogledd Cymru. Bu'r gwerthiant a'r ymateb yn wyrthiol. Daeth llythyron i law gyda hanes crwydriaid nad oedd yn y llyfr cyntaf, er bod cyfeiriadau at dros 120 yn hwnnw, ac felly cafwyd digon o wybodaeth i greu *Ar Grwydir Eto*.

Pan oeddwn yn blentyn roedd yn olygfa gyffredin i weld crwydriaid a Sipsiwn yn cerdded trwy bentref Cwmsychbant yng Ngheredigion, pobl fel Gwyn Bethesda, Timothy Blanc, Dafydd Gwallt Hir, Alfred Ball a Tom Brown.

Yn 1977 daeth wyneb newydd i'r ardal, sef George Roland Gibbs. Gŵr o Scotston ger Glasgow oedd hwnnw. Cafodd ei daro gan dorpedo bedair gwaith a phan ddychwelodd i Scotston roedd y tŷ yr arferai fyw ynddo wedi cael ei fomio a'i wraig druain o dan y rwbel. Effeithiodd hynny arno'n ddwys a throdd i gerdded y ffordd. Daeth i Gymru a rhodio pob llwybr a heol yn y wlad. Mae hanes ei fywyd yn *Ar Grwydir*. Penderfynodd adael y crwydro ar ôl tri deg mlynedd o wneud hynny ac aeth i fyw i 29 Maesyfelin, Llanbed. Yno y bu tan ei farw ar Ragfyr 18, 2003, a chladdwyd George ym mynwent Brondeifi. Sylweddolais ar ddydd ei angladd fy mod i'n ffarwelio â chrwydryn olaf Cymru. Yn dilyn yr Ail Ryfel Byd roedd dros filiwn ohonynt ym Mhrydain. Tybir y gwelir rhai eto yn dilyn effaith rhyfel y coronafeirws ar fyd crwn.

Mae cerdd Crwys 'Noswyl y Tramp' yn drawiadol iawn wrth ffarwelio â'r olaf o bobl y ffordd:

Ffarwél i fyd a betws
Ffarwél i wlad a thre,
Rwy'n teithio'r filltir olaf
Ac yn mynd na wn i b'le,
Ond gwn na'm gwelir mwyach
Ar drympeg nac ar glos,
Ac na flinaf un dyn eto
Am sgubor gyda'r nos.

Un ffafr wy'n ei cheisio,
Sef rhoi fy nghorff i lawr
Gerllaw'r hen garreg filltir
Ar fin y drympeg fawr,
Lle clywyf f'hen gyfeillion
Yn mynd a dod o'u hynt,
Ac ambell donc ar faled
A ganwn innau gynt.

Goronwy Evans yn llofnodi ei lyfr *Ar Grwydir* i Jon Meirion Jones, Ronnie Davies a Gareth Davies ar noson ei lansio yn Festri Brondeifi, Llanbed.

Dathlu yn y lansiad: Kees ac Elonwy Huysmans, Goronwy Evans, Doreen Lewis a'r Parchedig Alun Wyn Dafis.

Mae'r crwydriaid, neu 'y tramps' fel y'u gelwir, yn bobl arbennig gyda phob un â'i stori ei hun sy'n werth ei chlywed. Gobeithio y bydd pobl yn cael yr un blas wrth bori drwy'r gyfrol hon ac a gafwyd ar y grwydir gyntaf.

Goronwy Evans
Tachwedd 2020

Goronwy Evans yn dosbarthu ei lyfr o gist y car.

Llythyron Cyfarch
i *Ar Grwydir* (2016)

L LAWER O DDIOLCH am y gyfrol, rwyf wedi treulio heddiw yn ei darllen o glawr i glawr ac wedi dotio arni. Mae yn arbennig ac yn gofnod pwysig o gyfnod sydd bron yn angof.

Wrth ddarllen meddyliais tybed ai'r un person oedd Bill Johnson a Bill Rodgers, a'i fod yn newid ei gyfenw o ardal i ardal? Mae hanes Bill Rodgers yn debyg iawn i'r Bill Johnson a fuodd yn gweithio efo ni ac y ceisiodd fy nhad ei gael i setlo mewn tŷ!

Wedi swper dyma geisio llunio penillion cyfarch i'r gyfrol:

Ar Grwydir

Goronwy a ddwg rinwedd – o ddelwedd
    Fforddolion a'u mawredd;
  A gwerth eu taith faith hyd fedd
  O rodio mewn anrhydedd.

Eu cyfran rhwng clawr cyfrol – a gafwyd
    I gofio'n arwrol
  Am eu rhawd, ac nid ffawd ffôl
  Yw doniau'r crwydriaid dynol.

Hanes yw'r cyfan heno – yn ein byw
   Am ein byd wnaeth gilio,
  A rhoed braint i grwydriaid bro
  Yn gyfoeth gwerth ei gofio.

                Hedd Bleddyn, Machynlleth

Mae'r llyfr yn werthfawr, gyda'r holl wybodaeth sydd ynddo.
Yn mwynhau yn fawr ei ddarllen.
  Megan Davies, Y Ferwig

Diolch am y llyfr *Ar Grwydir*. Does dim syndod gen i ei fod wedi gwerthu mor dda achos rwy bron â'i ddarllen drwyddo!

Cefais gryn bleser hefyd o ddarllen y farddoniaeth, yn enwedig penillion Jac Oliver, oedd yn bwysig fel bardd pan oeddwn yn grwt yn Llanbed.

Cefais lawer o bleser wrth ddarllen cerdd Alun Cilie i ddyn y sgrap. Cofiaf yn glir iawn yr un digwyddiad ym Mrynmeddyg, Cwm-ann, pan alwodd Walter Janes a'i lori i grynhoi hen geriach o'r clos a'r sioc a gefais o'i gweld yn mynd drwy iet y clos...

Cofion

Peter Davies, Y Coed Duon

Rwyf newydd gwpla darllen *Ar Grwydir* ac roeddwn am ddiolch i ti amdano a'th longyfarch yn wresog.

Rwy'n siŵr y bydd llawer wedi cael difyrrwch wrth ei ddarllen, fel y ces i, ond mae'n fwy na difyrrwch. Mae'n gofnod ac yn deyrnged i fintai o bobl sy'n haeddu cael eu cofio – ac, yn y rhan fwyaf o achosion, i gael eu parchu. Wn i ddim am neb arall sydd wedi gwneud hynny mor gynhwysfawr, felly diolch o galon.

Ces fy nharo gan y ffaith mai dioddefwyr o effeithiau rhyfel oedd llawer o'r fforddolion hyn, eu bywyd sefydlog ar chwâl a dim i'w wneud wedyn – ond crwydro!

Mae teyrnged yn ddyledus hefyd i'r gymdeithas wledig a oedd yn rhoi lle, swyddogaeth a charedigrwydd iddyn nhw. Yn rhy aml mi welwn cymdeithas cefn gwlad yn cael ei phortreadu fel pobl gul, fewnblyg, ddrwgdybus o allanwyr.

Mae dy lyfr di yn chwalu'r celwydd yma – fel y gwnaeth Barbara Davies yn ei llyfr hithau, *Y Faciwî*. Mae *Ar Grwydir* yn llyfr pwysig ar lawer cyfrif.

Rwy'n cofio'n dda am Pat Pencarreg, Aberaeron. Bues yn ei gartref bach clyd yn un o'r tai mas. Un crac oedd e ar adegau ac yn rhy hoff o'r botel – ond roedd iddo yntau hefyd ei le yn y gymdeithas.

Diolch am y gymwynas,
Cynog Dafis, Bow Street

Cefais y pennill yma chwe deg mlynedd yn ôl gan Frenin Crwydriaid Prydain ei hun ac yn ei ysgrifen.

Yr unig beth rwy'n gofio amdano yw ei fod yn berson annwyl iawn, yn galw yn aml, ac yn treulio amser hapus gyda ni'r plant. Rwy'n siŵr iddo gael addysg dda.

Mae cof gennyf am ddau dramp arall yn galw. Yr enw yr oeddem yn galw un ohonyn nhw oedd 'Parker Bach'. Roedd Parker yn hoff iawn o gawl. Prynodd Mam fasin mawr ar ei gyfer a dim ond fe oedd yn cael cawl ynddo. Roedd basin Parker yn arbennig.

Fe fydden ni'n galw'r tramp arall yn 'Trempyn Dwy Ffon'.

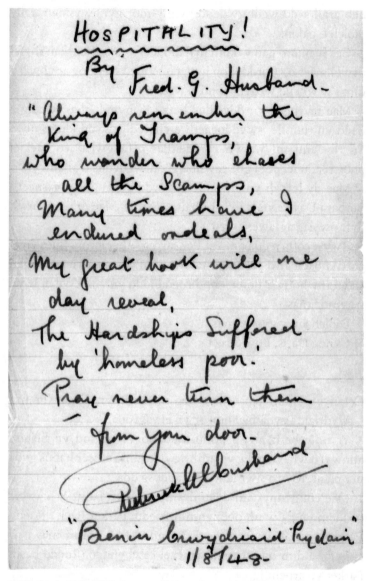

HOSPITALITY!

By Fred. G. Husband.

" Always remember the
    King of Tramps,
who wander who chases
    all the Scamps,
Many times have I
    endured ordeals,
My great book will one
    day reveal,
The Hardships suffered
    by 'homeless poor.
Pray never turn them
    from your door.

Frederick W. Husband

"Brenin Crwydriaid Prydain"
1/8/48-

Fe dderbyniodd Kitty Thomas y gerdd hon gan Frenin Crwydriaid Prydain 60 mlynedd yn ôl, yn ei lawysgrifen gain ei hun.

Roedd e'n gloff ofnadwy ac yn gorfod pwyso'n drwm arnynt. Byddai'n mwmian canu drwy'r amser. Dyn bach eiddil iawn oedd.

Byddai Mam wrth ei bodd yn eu bwydo, ac yn rhoi croeso mawr iddyn nhw bob amser. Rwy'n edrych ymlaen i ddarllen eich llyfr nesaf.

Pob bendith,

Oddi wrth Kitty Thomas, Llanilar

Arwyddion /
Iaith *Jargon*

Byddai aml i grwydryn yn galw yn ein tŷ ni yn Arfryn, Cwmsychbant yn ystod fy mhlentyndod. Cofiaf glywed y geiriau 'tok lady' gan un crwydryn: 'toke', sef toc o fara a 'cleming' yn golygu yn newynu eisiau bwyd. Byddai'r creadur hwn yn eistedd ar y wal o flaen y tŷ a Mam yn dod â brechdanau a the iddo ar drei. Wrth droi 'nôl at y ffordd a thaflu'r sach ar ei gefn, byddai'r tramp yn codi ei fawd i ddiolch.

Flynyddoedd lawer yn ôl derbyniais gopi o arwyddion y crwydriaid gan Vernon Williams, Brynyreglwys, Llanbed. Fe'i cafodd gan grwydryn a ddeuai i fferm y teulu yn Moyddin Fawr, Gors-goch. Byddai'r arwyddion yma'n cael eu gosod ar stand laeth y ffermydd, neu bost iet a mannau gweladwy er mwyn rhoi gwybod i'r crwydriaid eraill sut dderbyniad oedd yn eu haros.

 Tŷ plismon.

 Wedi ei ddifetha. Gormod yn galw.

 Ie, iawn i alw.

Cartref Cristnogol.

 Cynnig pryd o fwyd wrth y ford.

 Bwyd yn unig.

 Na, dim pwynt galw yma.

 Gall yr heddlu gael eu galw.

 Posibilrwydd y byddan nhw'n ymosod arnoch.

 Ci ffyrnig.

 Posibilrwydd cael gwaith.

 Tas wair dda.

 Mae menyw garedig yn byw yma.

 Coed ffrwythau yn yr ardd.

 Peidiwch galw yma.

 Mae mwy nag un tramp ar y ffordd yma.

ooo Maen nhw'n dda am roi arian.

Dwedwch stori drist wrth y rhai sy'n byw yma.

Mae'r bobl yma'n ofni tramps.

Cleifion, dangoswch gydymdeimlad.

Menyw â phlant, dywedwch stori drist am eich plant chi.

Bydd y bobl yma'n ffonio'r heddlu.

Tramorwyr sy'n byw yma. Dwedwch air am eich profiad yn y fyddin.

Bant yn gloi. Cyn-swyddog carchar yn byw yma.

Wyrcws da.

Yn ei lyfr *Cymeriadau Maldwyn* mae gan Hedd Bleddyn yr hanesyn canlynol:

Mae'n debyg fod had rhedyn yn un o'r hadau hynny na wnaiff yr un aderyn nac anifail ei fwyta. Mae yn hawdd ei gael drwy dynnu llaw gaeedig ar hyd y rhedynen. Byddai'r crwydriaid yn casglu'r had yma a'i gario yn eu poced. Os caent groeso mewn tŷ byddent yn gollwng yr had yn nannedd y *chippings* wrth y glwyd fyddai'n arwain i'r tŷ fel bod y crwydryn nesaf yn gwybod bod croeso i gael yno. Ar y llaw arall, os nad oedd croeso neu bod ci peryglus yno, byddent yn rhoi cwlwm ar wialen gollen yn y borfa wrth y fynedfa.

Geirfa a *Jargon* y Crwydriaid

Yn ystod y blynyddoedd cyntaf yn teithio'r ffordd, byddai'n bwysig i'r crwydriaid ddysgu'r arwyddion, yr eirfa a'r *jargon*.

Dysgais y rhain gan y crwydryn, George Gibbs:

Crib	tŷ
Bull	heddwas
A call	tŷ lle gall y crwydryn gael ychydig o luniaeth ar unrhyw adeg
Chuck, scoff	bwyd
Clem	clemio am fwyd
Chokey	carchar
Clobber	dillad
Pedlar's licence	y Beibl
Kip	cysgu
Boss	unrhyw ddieithryn fyddai'n debygol o gydymdeimlo â chardotyn
Bawd	yfwr trwm
Toby	y ffordd fawr
Con	cardotyn gyda'i stori gelwydd wrth gardota
Toke	bara

Freeman's pick up	*cigarette ends*
Glims	sbectol
Milestone inspector	crwydryn hynafol
Hardup	tobaco
Kife	gwely
Piker	celwyddgi
Shovels	llwyau
Punk and plaster	bara a marjarîn
In quod	yn y carchar
Kennick neu saltee	ceiniog
Duce	dwy geiniog
Thrummer	tair ceiniog
Groat	pedair ceiniog
Sprat neu sprowsie	chwech cheiniog
Toskeroon	hanner coron
A drag	tri mis o waith neu garchar
Half stretch	chwe mis o waith neu garchar
Stretch	blwyddyn o waith neu garchar
Dip	pickpocket
Doss	lle i gysgu
Gag	stori druan (twyll)
Pack	tŷ dyn tlawd
Peg	lle i gael pryd o fwyd am ddim
Skirmish	diod
Stretchers	lasys
Tale pitcher	offeiriad, gweinidog
Vacation	carchar
Weary Willies	rhai y mae unrhyw fath o waith yn ormod iddynt
Gammy	gwael, amheus
On the cross	unrhyw beth sydd wedi ei ddwyn

Pobl yr Ymylon

Ni fu gen i ofn crwydriaid erioed. Roedd yna ddau reswm da dros hynny. Yn un peth, byddai'r daith gerdded i'r ysgol bob bore ac adref bob diwedd y prynhawn yn filltir un ffordd. Ac ar y daith honno byddwn yn aml yn cyfarfod neu basio tramp. Bron iawn na welwn i dramp mor aml ag y gwelwn y postmon.

Yr ail reswm oedd bod ein tŷ ni, Heulfryn, rhwng Cae Shaft a'r Weun Galed yn grwydryn-gyfeillgar, os dyna'r cyfieithiad am *tramp-friendly*. Er ein bod ni'n deulu o 13 o blant, byddai digon o enllyn i alluogi Mam i'w siario gyda boneddigion y ffordd fawr.

Mae'n debyg fod gan grwydriaid rhyw fath o farc cyfrin a gâi ei adael mewn sialc ar lidiart neu wal tai croesawgar. Wn i ddim. Ni fedraf gofio gweld un erioed yn addurno wal neu lidiart ffrynt ein tŷ ni. Ond galw a wnaent.

Gwyddai pob tramp gwerth siwgwr ei de ble byddai croeso a ble fyddai drws clo. Gwn am ambell dŷ lle cedwid ci swnllyd a pheryglus yn unig er mwyn cadw ymwelwyr draw. Roedd gyda ni gi. Ei enw oedd Bonzo, ac fe'i mabwysiadwyd gan fy rhieni wedi iddynt fod yn gweld Wncwl Jac ac Anti Mair yn Llanelli. Ci'r cymdogion drws nesaf iddynt oedd Bonzo, ond byddai'n dwyn cig o siop y bwtsiwr bron yn ddyddiol, a rhaid fu cael gwared ohono. Ond pan alwai tramp yn ein tŷ ni ar dro, nid ei gadw draw a wnâi Bonzo ond gadael gyda'r crwydryn a'i hebrwng filltir neu fwy cyn troi'n ôl.

Roedd un peth yn gyffredin i bob tramp. Pan alwai un, digwyddiad rheolaidd, gwrthodai'n lân â dod i mewn i'r tŷ. Ar ddiwrnod sych, fe wnâi eistedd ar flocyn solet o haearn a safai gerllaw'r gegin fach i yfed ei de a bwyta'i fara menyn. Rhan o hen beiriant malu cerrig o chwarel Ystrad Meurig oedd y blocyn. Gelwid y malwr yn 'fochyn' a defnyddid y blocyn fel einion gan Nhad. Ar ddiwrnod glawog, câi tramp gysgod y gegin fach i ddiwallu ei hun.

Erbyn heddiw, mae'r cof am y gwahanol grwydriaid a alwai yn pylu. Yr un a gofiaf orau yw Harry Swift, a hanai o Abertawe. Dyn bach oedd Harry, gŵr tawel â'i wallt slic wedi'i gribo 'nôl. Gwisgai facintosh lwyd a chariai sach foliog, a byddai ei gan te'n hongian o'i wregys.

Un arall fedra i ei gofio yw dyn a alwai'i hun yn 'King of the Tramps'. I gyhoeddi ei gymwysterau brenhinol, gwisgai goron garbord ar ei ben. Medrai hwnnw adrodd barddoniaeth. Bu ffotograff ohono gyda ni unwaith.

Yr enwocaf i alw yn ein tŷ ni oedd Dafydd Jones o Fwlch-llan, neu Dafydd Gwallt Hir. Mae yna eraill a ŵyr lawer iawn mwy na fi am y gŵr chwedlonol hwn. Byddai Mam yn meddwl y byd ohono, a chofiaf eistedd ar ei glin, wedi iddi ddod allan â chadair o'r tŷ er mwyn eistedd gyferbyn ag ef ar y mochyn haearn, tra fyddai ei gert wedi'i pharcio gerllaw.

Roedd gan Dafydd ryw chwilen yn ei ben a fynnai fod ambell un o'r pentref yn dymuno drwg iddo. Fe wnâi edliw i un wraig arbennig geisio ei wenwyno drwy roi iddo frechdan wedi ei thaenu â menyn yn cynnwys gwydr mâl.

Nid tramps yn unig a welwn ar fy ffordd i'r ysgol ac adref. Ar dop Bryncrach tuag unwaith bob deufis arhosai Sipsiwn, eu carafán wedi'i barcio ar rimyn o dir rhwng cae Brynhope a'r ffordd fawr. Teithient gyda'u milodfa o geiliog a dwy neu dair iâr, ynghyd â milgi nerfus. Yn is i lawr byddai ceffyl neu ddau, rhai brith, wrthi'n pori'r glas, darn o dir comin yn wynebu Terrace Road. Unwaith eto, fyddai gen i ddim ofn er gwaethaf hanesion yng ngweithdy Jac y Crydd am Sipsiwn yn herwgipio plant. Byddai pennaeth y teulu, hen wraig, yn galw yn ein tŷ ni i werthu pegs a thlysau gwydr di-werth. Prynai Mam rywbeth bob tro.

Rhyfedd fel y gall hanes ailadrodd ei hun. Ddwy flynedd yn ôl, a minnau'n dringo Bryncrach ar fy ffordd adref o'r pentref, dyma weld cert ac iddi do tarpowlin wedi'i pharcio ar y glas, a cheffyl yn pori wrth ei hymyl. Yn eistedd gerllaw roedd gŵr ifanc yn naddu darn o bren. Fedrwn i ddim mynd heibio heb dorri gair neu ddau. Gŵr o Fanceinion wedi laru ar ruthr y byd modern oedd y teithiwr ac roedd wedi penderfynu cymryd at y ffordd fawr ac aml i ffordd lai. Ni allai gredu ei glustiau wrth i mi ddatgelu iddo barcio'i geffyl a'i wagen yn yr union fan lle'r arferai Sipsiwn aros drigain a deg o flynyddoedd yn gynharach.

Bu gen i erioed ryw affinedd at bobl yr ymylon, yn grwydriaid, Sipsiwn a thinceriaid. Pan oeddwn yn gweithio i'r *Cambrian News* 'nôl yn 1968, byddai gŵr o'r enw Tom Macdonald o Lanfihangel Genau'r-glyn yn galw'n aml. Yn wir, bu'n newyddiadurwr ar y papur hwnnw ac ar bapurau eraill yn Awstralia, Tsieina a De Affrica. Mab i dincer oedd Tom, ac ysgrifennodd ei hunangofiant dan y teitl *Y Tincer Tlawd*. Gallaf ei weld nawr yn tynnu'n hamddenol ar ei getyn, a beret du ar ei ben.

Ystyr 'tincer' yw lluniwr tuniau. Daeth eu crefft unigryw i ben gyda dyfodiad y plastig felltith sy'n tagu ein byd. Ie, tincer

Y cardotyn enwog Dafydd Jones o Fwlch-llan gydag Elizabeth Evans (chwith) a'i ffrind Margaret Hughes o Lyn Corwg tua 1945.

yw'r gair, nid teithiwr. Mynn y bobl sy'n wleidyddol gywir fod y gair 'tincer' yn wrthun. Ac yn sarhaus. Ond dim o'r fath beth. Un o'r teuluoedd enwocaf o dinceriaid yw The Fureys o Iwerddon. Mae'r brodyr yn fyd-enwog fel band gwerin. Rwy'n falch cael dweud fy mod i'n ffrind i'r enwocaf ohonynt, Finbar Furey, sydd bellach yn perfformio ar ei ben ei hun. Cwrddais â Finbar am y tro cyntaf yn y Talbot, Tregaron, a chyfeiriais ato fel 'teithiwr'. Camgymeriad dybryd. Cywirodd fi ar unwaith.

'I'm a bloody tincer, not a traveller, and I'm bloody well proud of it,' meddai.

Mae'r tinceriaid yn mynnu statws llwythol. Mae ganddynt eu hiaith eu hunain, sef cymysgedd o Wyddeleg a Saesneg. Ceir tair tafodiaith wahanol, sef Cant, Shulta a Gammon. 'Nôl yn 1994 bûm ar daith ffilmio drwy Iwerddon gan alw yn Tuam yn Swydd Galway. Dyma brifddinas tinceriaid Iwerddon. Allan o boblogaeth o 5,000 mae yno 1,500 o dras tinceriaid.

Yn Tuam fe wnaethom ffilmio merch o'r enw Ellen Mangan. Yn ddeg ar hugain oed, hi oedd y tincer gyntaf erioed i'w hethol ar Gyngor Tref. Ei gorchwyl cyntaf fu sefydlu canolfan gynghori i fenywod y gymuned deithiol. Teimlai fod y menywod yn cael eu trin yn israddol. Fe wnaeth y Cyngor Tref godi stad o dai unllawr, er mwyn ceisio sefydlogi bywyd rhai o'r tinceriaid. Cawsom ymweld â'r stad, a oedd yn ddigon destlus. Ond gwrthodai'r trigolion gydymffurfio'n llwyr. Ar bob lawnt ffrynt, porai ceffyl neu ddau. Gyda llaw, golygfa gyffredin yn Iwerddon yw ceffylau tinceriaid yn pori ar hyd ymylon y ffyrdd. Disgrifiad y tinceriaid o'r rhibynnau gwyrdd hyn ar hyd ymylon ffyrdd yw 'the long field'.

Gwn am lawer sy'n casáu tinceriaid. A mwy fyth sy'n eu hofni. Dydw i ddim yn un o'r rheini er fod gen i barchedig ofn

Lyn Ebenezer gyda'i ffrind, Finbar Furey, yn y Talbot yn Nhregaron.

ohonynt. Ni wnaf fyth anghofio y profiad a gefais unwaith, wrth i mi weini cwrw y tu ôl i far y Cŵps yn Aberystwyth. Roedd hi'n noson dawel, dim ond dau gwsmer yn y bar. Yna dyma'r drws yn agor a thua dau ddwsin o gwsmeriaid yn dod i mewn gyda'i gilydd. Aeth y menywod i'r bar cefn tra'r arhosodd y dynion yn y prif far. Deallais ar unwaith mai tinceriaid Gwyddelig oedd y rhain. Dyma'r llefarydd yn pwyso dros y bar gan ofyn,

'What time do ye close, boss?'

Dyma esbonio mai 11.00 oedd yr amser penodol, ond y caem weld wrth i'r noson fynd yn ei blaen. Daeth yn hanner nos cyn i mi fentro canu'r gloch. Fe wacaodd pawb eu gwydrau a gadael yn dawel. Yna dyma'r llefarydd yn dychwelyd gan estyn ei law.

'Thank you, boss,' meddai, 'you've been a true gentleman. But now tell me, how much do ye want for yer bar furniture?'

Angau yw'r lefelwr eithaf. Yn Ystrad Fflur, yn yr un erw â

29

rhai o dywysogion Cymru a Dafydd ap Gwilym nodir beddau dau grwydryn. Cerrig gwastad sydd uwch eu pennau, dau fedd cyfochrog. Nodir enw'r naill fel Robert Evans, a weithiai ar fferm yr Hen Fynachlog ac a fu farw yno ym mis Ebrill 1933. Rhaid mai teulu Lloyd, sy'n dal i ffermio yno, wnaeth dalu am y garreg.

Mae hanes y bedd arall erbyn hyn yn rhan o chwedloniaeth y fro, er ei fod yn wir bob gair. Bedd ac arno'r gair *Unknown* yw hwn. O dan y gair hwnnw ceir pennill o waith Ifan Jenkins:

> He died upon the hillside drear
> Alone where snow was deep,
> By strangers he was carried here
> Where princes also sleep.

Mae'r hanes yn un trist. Adeg gaeaf mawr 1929, canfu William Owen, Tynddol, gorff marw yn yr eira ger Llynnoedd Teifi. Roedd brain wedi tynnu ei lygaid allan. Crwydryn oedd hwn a fwriadai fynd ymlaen i Raeadr Gwy i gasglu ei bensiwn. Ond fe'i daliwyd gan y storm.

Ar ei ffordd drwy Ffair Rhos bu'n siarad â rhai o bobl y pentref. Dywedodd iddo fod yn rhan o ymgyrch byddin y Cadfridog Roberts yn Affganistan a olygodd orymdeithio 300 milltir o Kabul i Kandahar mewn 30 diwrnod. Yn ei boced doedd dim byd mwy nag ychydig geiniogau, llun merch ifanc ac Almanac Moore.

Cludwyd ei gorff i weithdy Dafydd Jenkins y Crydd a luniodd arch ar ei gyfer. Codwyd arian yn lleol er mwyn talu am garreg fedd drwy i'r gweinidog lleol, T Harries Williams, gyfansoddi cerdd goffa i'r crwydryn, ei hargraffu ar ffurf cerdyn post a gwerthu'r cardiau hynny am chwe cheiniog yr un. Dyma'r gerdd:

Gobennydd Ola'r Tramp

Wrth ei hunan y cychwynnodd
Tua'r mynydd o Ffair Rhos
Gyda'i fryd ar gyrraedd Rhaeadr
Cyn y nos.

Yn ei law y sypyn llyfrau –
Llyfrau 'Moore' sy'n dweud yr hin,
Ond ni wybu fod yn agos
Storom flin.

Daeth ei harswyd drwy y dyffryn,
Troiai pawb i'w haelwyd iach;
Yntau ar y mynydd uchel,
Druan bach.

Wedi colli'r llwybr garw
A chri'r storm yn uwch ac uwch,
Aeth y crwydryn gwan i orffwys
Yn y lluwch.

Caled fu ei wely ganwaith,
Carreg arw dan ei ben,
Heno treuliai'i hun ddiweddaf
Ar obennydd wen.

Peidiodd sŵn y gwynt a'i ryfyg,
A daeth seren iddo'n lamp;
Do, ac angel gwyn i wylio
Uwch gobennydd ola'r tramp.

Pam fod bro Ystrad Fflur mor groesawgar i bobl yr ymylon? 'Nôl ganol y chwe degau, glaniodd dau ddwsin o dinceriaid yma gyda'u fflyd o garafaniau. Dyma nhw'n ymsefydlu mewn cae nid nepell o'r fynachlog. Teulu estynedig y Sheridans oedden nhw, a'r hen Mrs Sheridan yn eu rheoli â dwrn dur.

Mewn unrhyw fro arall, byddai'r trigolion wedi ceisio'u symud ymlaen. Ond yma, cawsant groeso mawr. Bwriadent aros am ddwy neu dair noson. Ond fe'u perswadiwyd i aros ymlaen. Aeth tair wythnos heibio cyn iddynt symud.

Beth yw'r eglurhad? Credaf yn gryf fod daioni'r mynachod wedi goroesi'r canrifoedd ac wedi ei etifeddu gan genhedlaeth ar ôl cenhedlaeth. Fedrwch chi feddwl am well esboniad? Fedrai i ddim. 'Canys yn gymaint â'i wneuthur ohonoch i un o'r rhai hyn, *fy mrodyr lleiaf*, i mi y gwnaethoch.'

Lyn Ebenezer

W H Davies,
y Bardd Grwydryn

Yn 1908 CYHOEDDWYD y llyfr *The Autobiography of a Super-Tramp* gan y dyn ei hun, W H Davies. Bardd a chrwydryn oedd William Henry Davies ac fe'i ganed yng Nghasnewydd yn 1871. Cafodd ei fagu gan ei dad-cu a'i fam-gu mewn tŷ tafarn a gadwent yn ardal y dociau, Casnewydd. Daeth i werthfawrogi byd natur wrth grwydro Sir Fynwy gan fagu diddordeb mewn barddoniaeth yr un pryd.

Yn 1893, gydag ychydig o arian a adawyd iddo yn ewyllys ei fam-gu, aeth i Ogledd America a byw fel tramp. Treuliodd rai blynyddoedd yn teithio'r cyfandir gan weithio'n ysbeidiol ar ffermydd a threulio'r gaeaf mewn carchardai.

Croesodd W H Davies Fôr yr Iwerydd droeon mewn llong gyda llwyth o wartheg. Profiad gwahanol iddo oedd croesi'r Iwerydd mewn llong yn llawn o ddefaid. Fel mae'n sôn mewn darn o farddoniaeth o'i eiddo roedd un tro yn ddigon:

> They sniffed, poor things, for their green fields,
> They cried so loud I could not sleep:
> For fifty thousand shillings down
> I would not sail again with sheep!

Tra oedd yn neidio ar drên yn Renfrew, Ontario, syrthiodd ac aeth yr olwyn dros ei goes a'i malu. Yn dilyn hynny bu raid iddo gael coes bren. Cawn hanes ei fywyd yn ei lyfr poblogaidd *The Autobiography of a Super-Tramp*. Penderfynodd W H i ddychwelyd i Loegr a diolch i anogaeth ei gyfaill Edward Thomas daeth i amlygrwydd fel bardd gyda'i gyfrol *Nature Poems* (1908). Casgliad o delynegion syml yw ac ymhlith ei gerddi enwocaf mae 'Leisure'. Mae pawb yn gwybod y gwpled agoriadol ond mae'r gerdd yn berl ynddi ei hun a'r llyfr yn drysor. Hwnnw roddwyd yn rhodd imi wrth baratoi y gyfrol newydd, *Ar Grwydir Eto*.

Leisure

What is this life if, full of care,
We have no time to stand and stare? -

No time to stand beneath the boughs,
And stare as long as sheep or cows:

No time to see, when wood we pass,
Where squirrels hide their nuts in grass:

No time to see, in broad daylight,
Streams full of stars, like skies at night:

No time to turn at Beauty's glance,
And watch her feet, how they can dance:

No time to wait till her mouth can
Enrich that smile her eyes began.

A poor life this if, full of care,
We have no time to stand and stare.

W H Davies

Y bardd a'r crwydryn William Henry Davies, W H Davies, awdur y gerdd adnabyddus, 'Leisure'.

Cynhaliwyd Eisteddfod Genedlaethol Cymru Glyn Ebwy yn 1958. Dyma'r Eisteddfod Genedlaethol gyntaf imi ei mynychu a hynny fel stiward. Roeddwn i yn un o bum person ar y pryd yn Swyddfa'r Prif Stiward. I mewn i'r ystafell daeth y canwr byd-enwog Paul Robeson – ond stori arall yw honno.

Dyma'r Eisteddfod pan wnaeth dau Llew Jones gwahanol ennill y ddwy brif gystadleuaeth farddonol ac fe nodir yn y *Cyfansoddiadau* fel a ganlyn:

Yr Awdl 'Caerllion ar Wysg': y Prifardd T Llew Jones, Ysgol Coedybryn, Maesllyn, Llandysul.

Y Bryddest 'Cymod': y Prifardd Llewelyn Jones, 5 Broadway, Ffordd Llanbadarn, Aberystwyth.

Daeth Geoff Charles, y ffotograffydd enwog, i fyw i Lanbed ar ôl ymddeol. Cefais ganddo nifer o gyfansoddiadau yr Eisteddfod Genedlaethol ac yn eu plith blwyddyn 1958, a hwnnw wedi ei arwyddo ganddo – bonws yn wir!

Cofiaf fynd i Glyn Ebwy yng nghar fy ngweinidog, Y Parch D Jacob Davies, yntau yn beirniadu y Faled a'r testun oedd 'Y Bardd-grwydryn W H Davies'. Gwnaeth chwech gystadlu, eu ffugenwau oedd *Antur, Isfryn, Orion, Brum, Allt-yr-ynn* ac *Ar y Palmant*. Y buddugol oedd y ffugenw *Ar y Palmant* a dyma feirniadaeth Jacob Davies ar ei ymdrech:

Ar y Palmant. Cerdd wastad a llithrig yw eiddo *Ar y Palmant* a cherdd a lwyddodd i roi'r cyfan o bwys ar un llinyn. Llwyddodd hefyd i daro ambell ergyd sy'n nodweddiadol o'r traddodiad baledol, megis y chwarae-hawdd-ei-ddeall â'r gair 'ffordd' yn y cwpledau yma:

'Roedd Dybliw Aitsh o'r cychwyn – ymhell cyn tyfu'n ddyn
Cyn dechrau sôn am grwydro'r ffordd, am gael ei ffordd ei hun.
Cyhoeddwyd ei farddoniaeth – y tramp enwoca'n bod,
Fe ddaeth o'r ffordd, a'r ffordd y daeth wnaeth iddo haeddu clod.

Hoffaf ei arddull bob-dydd a'i eirfa syml, unsillafog bron (er bod hynny yn ei arwain i ddefnyddio odlau ac ymadroddion ystrydebol), ond i mi y mae'r dynwared hwn yn rhan o grefft *Ar y Palmant*. Gall plentyn ysgol ei dilyn ar un darlleniad a gallaf feddwl amdani yn rhoi darlun byw ar un gwrandawiad ar ben ffair. Mewn ffordd, cipiodd yn ei ddull di-rodres, awyrgylch yr hen draddodiad. Y mae gan *Allt-yr-ynn* athrylith a chan *Brum* ei grefft ond ar fy ngair, *Ar y Palmant* sy'n mynd â hi y tro hwn.

Ar y Palmant oedd Iorwerth H Lloyd, Bont-ddu, Dolgellau.

Y Faled

Y Bardd Grwydryn – W H Davies

Mae'r hen ddywediad hwnnw yn hysbys mwy i'r byd
Mai nid o'r coleg y daw bardd, mai dyfod wna o'r crud,
Ni raid wrth fwyn rieni, ni raid wrth gartref hardd,
Cans profwyd yn ddi-os fod modd i grwydryn fod yn fardd.

'Does bosibl fod 'na Gymro na Sais na ŵyr am gamp
Y prydydd gwych a droes i'r ffordd, gan ddewis bod yn dramp,
'R oedd Dybliw Aitsh o'r cychwyn – ymhell cyn tyfu'n ddyn
Cyn dechrau sôn am grwydro'r ffordd, am gael ei ffordd ei hun.

Fe'i maged mewn tŷ tafarn, hen le di-swyn, di-serch,
A'i daid a'i nain heb fawr wrth gefn yn magu plant eu merch.
Ei fam yn weddw ifanc a ail-briododd ŵr
Er gofid enbyd i'r hen bâr a mawr eu siom a'u stŵr.

Chwaraeai driwant beunydd er cyngor llym a gwg,
Ef hefyd oedd arweinydd mintai o hogiau drwg,
Ysgolor eithaf medrus a lleidr chwim ei droed,
A threuliodd noson yn y jêl cyn bod yn bymtheg oed.

'Roedd gweithio crefft yn ormod i'w natur ef mae'n wir,
Ni allai feddwl aros wrth unrhyw waith yn hir.
Er prinned oedd ei arian rhoes Dybliw Aitsh ei fryd
Ar fyned i'r Amerig i gael gweled mwy o'r byd.

'R ôl glanio yn Efrog Newydd yn eiddil a di-raen
'Roedd swynion y Gorllewin gwyllt yn galw arno ymlaen,
A chafodd yn gydymaith grwydryn dioca'r wlad
A chanddo dafod digon chwim i hawlio'i fwyd yn rhad.

Cyfrifai Brum fod gweithio yn beth israddol iawn
Ac nid drwy chwys ei wyneb y cadwai'i gylla'n llawn,
A'i gyfaill iau a ddysgodd fod modd â thafod chwim
Gael bwyd a dillad yn bur hawdd heb orfod gweithio dim.

'Roedd Brum yn athro campus a difyr iawn ei sgwrs
A Dybliw Aitsh yn barod iawn i dderbyn gwers wrth gwrs,
A buan iawn y dysgodd pa fodd ar siwrnai faith
I reidio ar bympar dur y trên rhag talu am y daith.

Lladrata lifft a cherdded wnâi'r ddeuddyn bob yn ail
A chysgu'r nos mewn llwyni coed dan drwchus do o ddail,
Cyd-ddeffro yn sŵn adar a ganai yn y gwŷdd
A chodi pac a begio ymlaen o ddrws i ddrws bob dydd.

Pan ddôi y gaeaf gerwin, gelyn pob llwm a thlawd,
A'r rhew yn brathu hyd y mêr a'r oerni yn deifio'r cnawd,
Fe ffugient fod yn feddw, er mwyn cael cysgod cell,
Ac aros dro mewn carchar wnaent nes dyfod tywydd gwell.

'Roedd Dybliw Aitsh ar brydiau'n hiraethu am ei wlad
A thrwy ryw ffawd darganfu ffordd i groesi'r môr yn rhad,
'Roedd llong yn cludo gwartheg i Lerpwl ambell waith;
Cadd yntau'r swydd o'u gwylio'r nos tra byddent ar y daith.

Bu trosodd amryw o weithiau nes cynefino â'r môr
O Baltimore i Lerpwl, o Lerpwl i Baltimore,
Ond aeth pum mlynedd heibio o'i fagabondaidd hynt
Cyn cael y cyfle i ymweld â man ei febyd gynt.

O'r diwedd daeth y cyfle a rhoes ei galon lam
Pan gurodd wrth y drws un hwyr a chlywed llais ei fam.
Ar siop i werthu llyfrau yn Llundain rhoes ei fryd
Ond 'roedd ei arian braidd yn brin a'r siopau yn rhy ddrud.

Un dydd mewn papur newydd gwelodd y geiriau hyn –
'Mae aur yn Klondike lond y lle – digon i'r neb a'i myn.'
Aur, aur, – 'doedd dim i'w wneuthur ond croesi'r môr drachefn;
Câi gadw siop yn eitha rhwydd a mil neu ddwy wrth gefn.

Yn Montreal cyfarfu â gŵr, di-ddal, di-frys,
Hen yrrwr gwartheg garw ei wedd o'r enw Jac-tri-bys,
Cynlluniwyd i gyd-deithio i Winnipeg yn chwim
Trwy neidio ar y trên yn slei rhag gorfod talu dim.

Pan oedd y trên yn cychwyn fe neidiodd Jac yn glau
Gan hawlio'r step i gyd ei hun yn lle gwneud lle i ddau.
Pan neidiodd ei gydymaith fe'i rhwystrwyd ef gan Jac
A chollodd afael ar y bar gan ddisgyn ar y trac.

Ac olwyn drom y cerbyd a ruthrodd dros ei goes
Gan dorri ei droed i ffwrdd yn glir a'i gloffi am ei oes.
A thymor mewn ysbyty roes derfyn ar ei daith;
Ni fedrodd gyrraedd Klondike bell na chael yr aur ychwaith.

Fe ddaeth yn ôl i Lundain yn wan, yn fyr o droed,
Ond 'roedd ei ddawn lenyddol ef yn gryfach nag erioed;
Ond er ymdrechu'n galed ni chafodd wenau ffawd,
'Doedd neb am dalu dimai goch am gerddi crwydryn tlawd.

Argraffodd gerddi byrion ar dudalennau tlws
A'u cario wnaeth o stryd i stryd i'w gwerthu o ddrws i ddrws
Ond nid oedd undyn yno a dalai am ei gân
Ac aeth â'i fwndel adre'n ôl i'w taflu ar y tân.

A chanddo un goes gyfan a darn o'r llall yn bren
Fe ddaliai'r crwydryn-fardd o hyd nad oedd y byd ar ben,
Pwrcasodd stôr o nwyddau, nodwyddau a phinnau rhad
A throes o Lundain gyda'i bac i'w gwerthu hyd y wlad.

Ond gwerthwr aflwyddiannus oedd Dybliw Aitsh o hyd
A gorfu iddo fegio'i fwyd a chanu ar y stryd,
Ond trwy ei fynych grwydro gwelodd mewn gwên a gwg
Fod y natur ddynol ymhob man yn llawn o dda neu ddrwg.

Er pob rhyw siomedigaeth, er diystyru ei ddawn,
Daeth yntau cyn ei farw yn ŵr poblogaidd iawn.
Cyhoeddwyd ei farddoniaeth – y tramp enwoca'n bod –
Fe ddaeth o'r ffordd, a'r ffordd y daeth wnaeth iddo haeddu'r clod.

Ar y Palmant
Iorwerth H Lloyd, Bont-ddu, Dolgellau

Joe Philpin

Pᴀɴ ᴏᴇᴅᴅᴇɴ ɴʜᴡ'ɴ hogiau, byddai Geraint a Gerallt Lloyd Owen yn mynd gyda'u rhieni ar nosweithiau Sadwrn dros fynydd y Berwyn o Landderfel ym Meirion i lawr i Langynog ym Maldwyn. Pwrpas y teithiau rheolaidd hyn oedd i weld ewythr eu tad a'i wraig. Bob ochr i'r Berwyn yr oedd llidiard a bron yn ddieithriad byddai crwydryn yn eistedd wrth y glwyd i'w hagor pan glywai sŵn car yn dod. Dyma'r gymwynas, a disgwyliai yr hen grwydryn ryw geiniog neu ddwy am ei drafferth. Doedd dim angen i neb fynd allan o'r car i agor na chau'r glwyd. Pan fyddai'r tywydd yn arw, byddai'r crwydriaid yn cuddio eu hunain mewn sachau blawd neu ŷd a'r rheiny wedi eu clymu wrth ei gilydd i greu cysgod i gadw'r oerfel draw. Teithio oedden nhw rhwng wyrcws Llanfyllin i wyrcws Penrhyndeudraeth gan aros mewn ambell fferm ar y ffordd i roi eu pennau i lawr mewn sgubor neu dŷ gwair. Dyna sut y daeth Gerallt a Geraint i adnabod Joe Philpin ar ei ymweliadau cyson â fferm Tŷ Uchaf nepell o Bethel ym Mhenllyn.

Dyma fel mae'r diweddar Brifardd Gerallt Lloyd Owen yn cofio Joe:

Yn ystod fy mhlentyndod roeddwn i'n fwy cyfarwydd â gweld tramp na gweld plismon. Er bod rhai ohonynt yn siarad Cymraeg roedd arnaf ofn tramps. Ond roedd un eithriad, sef Joe Philpin, clamp o Wyddel sgwarog mewn côt uchaf ddu, cap stabal ar lechwedd ei ben a phastwn yn ei law. Doedd gen i ddim rheswm yn y byd i ofni Joe. Pan oeddem yn Nhŷ Uchaf arferai ddod heibio ar ei hald gan wybod bod drws y sgubor yn agored iddo ddydd a nos. Cafodd brofiad anghysurus iawn yn y sgubor honno un noswaith ar ôl bod yn gwlychu'i big. Bore drannoeth daeth ar draws y buarth gan gyhoeddi'n derfynol, 'Holy Mary, I'm not stoppin' here again. There's a bloody ghost in there!' Y 'bloody ghost' oedd cyw tylluan wen. Ond yn ei ôl y daeth Joe lawer tro wedyn, ac ar ôl inni symud i'r Siop, byddai'n galw heibio'n achlysurol. Roedd rhyw urddas bonheddig yn perthyn iddo. Alltud o Wyddel ydoedd, ac yn ôl y sôn, roedd yn gyndyn o ddychwelyd i Iwerddon am ei fod wedi ymladd gyda'r lluoedd Prydeinig yn y Rhyfel Mawr. Am ei drafferth cafodd fidog drwy'i wyneb. O ganlyniad roedd ganddo graith fawr ar ei foch ac roedd ei geg yn gam nes peri ei fod braidd yn anodd ei ddeall yn siarad.

Mae gen i un atgof arbennig iawn amdano. Un tro, tra oeddwn i'n pensynnu ar fy eistedd y tu allan i'r Siop, daeth Joe rownd y gornel yn annisgwyl. Safodd a phlygodd i godi rhywbeth oddi ar y llawr. Yna, wrth fynd heibio imi, rhoddodd bishyn chwecheiniog gloyw yn fy llaw. Aeth i mewn i'r Siop at fy mam ac fe'i gwelwn yn crafu am bres mewn hen dun baco. Gwnaeth y weithred syml honno argraff fawr arnaf ac mi gedwais y pishyn chwech hwnnw yn ofalus rhag ofn y buasai Joe'n hoffi ei gael yn ôl rywbryd.

Dim ond mewn dwy fferm yn y cyffiniau yr arferai wneud ei wely, sef y Pentre yng Nghefnddwysarn a'r Tŷ Uchaf. Yn rhyfedd iawn, Oweniaid oedd yn y ddau le er nad oedd unrhyw gysylltiad teuluol. Roedd Eirwyn, mab y Pentre, a minnau'n bennaf ffrindiau ac un noson Ffair Glamai yn nechrau'r chwedegau, a ninnau bellach yn llafnau, roeddem yn y Bala. Ac yno hefyd yr oedd Joe Philpin, yn sefyll wrtho'i hunan ar y gornel gyferbyn â Siop Dil. Doedd Eirwyn na minnau ddim wedi'i weld ers blynyddoedd ac aethom ato i siarad gan ein cyflwyno'n hunain fel meibion y ddwy fferm lle'r arferai gysgu. Fe loywodd ei wyneb nes bod y graith yn gwenu. Buom yn sgwrsio am beth amser a chawsom wybod mai yn yr hen wyrcws ym Mhenrhyndeudraeth y byddai'n aros fynychaf bellach. Dywedais wrtho fy mod yn ei gofio, flynyddoedd lawer ynghynt, yn codi chwecheiniog oddi ar lawr ac yn ei roi i mi, ond doedd Joe ddim yn cofio hynny. Wrth inni ffarwelio ag ef dywedodd, 'God bless you, boys. Thank you for talking to me.' Dyna'r tro olaf y gwelais ef ac mi garwn feddwl iddo gael y tro hwnnw, ar ôl llawer o ddyddiau, rywfaint o log ar ei chwecheiniog gynt. "God bless you, Joe."

Pren-gwyn

PENTRE RHWNG DYFFRYN Cletwr a Dyffryn Cerdin yng ngwaelod Ceredigion yw Pren-gwyn. Dyma gynefin y bardd gwlad a'r hanesydd Kate Davies a gyhoeddodd ddau lyfr, *Cerddi Kate Davies* yn 1946 a *Hafau fy Mhlentyndod* yn 1970. Yn yr ail gyfrol honno mae'n cofnodi cyfnodau o galedi a llawenydd. Mae ynddi bortreadau byw o bersonau a digwyddiadau.

Yn ei bro fe'i hadnabyddid fel Kate Ardwyn. Bu ei mab, Jack Davies, yn Brifathro Ysgol Felin-fach, Ceredigion am flynyddoedd. Yn *Hafau fy Mhlentyndod* cawn hanes sydd yn ymestyn yn ôl am gan mlynedd. Pryd hynny deuai llawer crwydryn trwy sgwâr Pren-gwyn ar ei ffordd o Wrcws Llanbed i Wrcws Castellnewydd Emlyn neu fel arall. Roedd hynny ar bob dydd o'r wythnos. Ar eu ffordd galwai'r crwydriaid hynny wrth ddrysau'r tai i ofyn am gwpaned o de a thoc o fara a chaws. Nid oedd gan Kate gof o'i mam yn troi un o'r trueniaid o'r drws heb roi rhywbeth iddynt i'w fwyta. Dyma Kate Davies yn adrodd rhai o'r straeon yn ei ffordd ddihafal ei hun:

Cofiaf am un yn dod heibio ag un llawes i'w got yn wag. "Druan bach," meddai Marged y Gof wrth Mam, "Mae e wedi colli braich." "Odi wir, dyna drueni, mae e'n blentyn i rywun, chi'n gweld," atebodd Mam. Ymhen tipyn aethom ni'r plant i chwarae ar yr heol y tu allan i'r pentref ac yno roedd y dihiryn yn gorwedd a chwyrnu ym môn y clawdd â'i ddwy law yn groes ar ei fol!

Twyllodd lond ei fol o fwyd ac o ddiod ar rywun a gymerodd drueni dros y padi bach naill fraich.

Canai ambell un i ennill elusen ac rwy'n cofio am laslanc a chanddo lais melodaidd hyfryd yn canu ar ganol y sgwâr yn nghanol y glaw mawr. Mae'n rhaid bod ei grys yn wlyb domen. Canai â deigryn yn ei lais:

Pull down the curtains
I cannot sing tonight.
My little boy is dying,
My poor heart is breaking –
I cannot sing tonight.

Ni chofiaf faint a dderbyniodd am ei gân felys am y bu rhaid i ni fynd i'r tŷ o'r glaw.

Dim ond un yn unig oedd Kate Davies yn ei gofio iddo dwyllo pobl y pentref i ymadael â'u ceiniogau yn rhwydd. Dyn tywyll ei flewyn a'i groen oedd hwn a chanddo hyrdi-gyrdi:

Wrth droi'r handl deuai miwsig hyfryd iawn allan o'r offeryn a llanwai'r sgwâr a'r holl ardal â sŵn. Tyrrai'r holl wŷr a gwragedd a oedd o fewn clyw i'r groesffordd gan adael y ceibiau a'r aradr a'r golch a dod i wrando ar y miwsig. Wedi swyno ei dyrfa am dipyn, tynnai focs casglu allan o berferddion yr hyrdi-gyrdi a thynnai gaets bach ac aderyn melyn ynddo allan o'i got laes. Gadawai'r aderyn bach allan o'r gaets a disgynnai hwnnw ar ymyl y bocs a chodai damed bach o bapur wedi ei blygu'n ofalus o'r blwch a'i ddal yn ei big. Estynnai bob gwraig geiniog i'r dyn am y papur bach. Cyfrinach y papuryn oedd bod ffortiwn yr hwn a'i prynodd wedi ei ysgrifennu arno! Deuai hyd yn oed Rhys y Gof a Dafi'r Tafarn o'u gwaith er mwyn cael ymuno yn y difyrrwch a chael eu ffortiwn wedi ei ddarllen am geiniog. Chwarae teg i'r aderyn bach; addawai ddyfodol disglair i bawb – a gŵr yn graig o arian i bob merch weddw.

Ond er ei holl addewidion o big yr aderyn ni chredaf i un o'i broffwydolaethau ddod i ben. Ni chlywais i un o'r cwmni ddod i stad enfawr a marw yn weddwon wnaeth y rhan fwyaf o'r hen ferched!

Gŵr arall a ddeuai i'r sgwâr yn ei dro oedd Dai Whitwr. Gwisgai yn ddigon cymen, dillad nefi blw gyda bowler ddu a honno wedi cochi gan oed. Mwffler hefyd am ei wddf. Canai y whistl dun yn gelfydd iawn a byddai plant yn ei ddilyn o gylch y sgwâr. Ar ôl canu rhai tonau ar y whistl rhoddai hi wedyn yn ei boced. Arwydd oedd hynny ei fod yn disgwyl dimau neu geiniog am y perfformans. Os câi ddigon o arian i gael peint rhoddai donc fach arall fel cydnabyddiaeth ac yna âi mewn i'r dafarn i wlychu'i big.

Yn ei lyfr *Atgofion Bro Elfed* mae Jacob Davies (Alaw Cowin) yn cyfeirio at Dai Whitwr fel hen delynor oedd heb gartref nac aelwyd iddo'i hun. Yn Pengraigfawr, plwyf Cynwyl Elfed, neu Dyddyn Cilrhedyn y cartrefai gan amlaf, gan grwydro o ardal i ardal yn canu ei whistl dun. Dafi'r Whit oedd yr enw arno yn y cylchoedd hynny. Cariai ei offeryn cerdd yn ofalus ym mhoced ei frest. Roedd stôr o'r hen alawon Cymreig ar y cof ganddo. Byddai'n diddori pentrefwyr ac aelwydydd gan ddisgwyl ymateb ariannol wrth gwrs oddi wrth y gwrandawyr.

Gŵr lled anodd i nesu ato oedd, ond, os gadewid iddo gael ei ffordd byddai'n barod wedyn i ddatgelu cyfrinachau. Yn ôl Jacob Davies roedd yna ryw foneddigeiddrwydd pendefigaidd yn perthyn i Dafi a byddai'n mwynhau bod yn lletwith ei ymateb. Pe byddai rhywun yn dweud wrtho, 'Mae'n dywydd da', atebai Dafi yn swta, 'Mae lle bod hi'n wa'th'. Byddai rhywun arall yn dweud, 'Mae glas y tywydd yn isel ofnadw'. Ateb Dafi fyddai, 'Beth ma hwnnw'n ddeall am rew ac eira?'.

Ble bynnag y byddai roedd Dafi'n morio'r alawon Cymraeg, megis 'Codiad yr Ehedydd', 'Breuddwyd y Frenhines', 'Gwŷr Harlech' ac ati.

Trawyd Dafi'n wael ac aed ag ef i Weithdy'r Undeb yng Nghastellnewydd Emlyn. Fe oedd yr olaf yn y cylch a âi o amgylch i ennill ei damaid yn diddori pobl yn canu'r alawon Cymreig ar ei whistl dun.

Y digwyddiad mwyaf rhyfeddol ar Sgwâr Pren-gwyn, meddai Kate Davies, oedd y tro hwnnw pan ddaeth dau ddyn ag arth frown i'r lle:

Wedi prynu torth a thun o samon yn siop Cloth Hall, bu'r ddau ddyn yn bwyta'u gwala gan daflu tamaid bach yn awr ac yn y man i'r arth. Wedi bwyta cododd y ddau ddyn a chydiodd un ohonynt mewn consertina a dechreuodd ei ganu. Dawnsiodd yr arth gan siglo ei ben a'i freichiau. Mae'n rhaid ei fod yn mwynhau – neu a oedd ef yn deall mai ar lwyddiant ei berfformans y dibynnai eu bara a samon hwynt oll. Tra fyddai'r dyn wrth y consertina a'r arth yn dawnsio âi'r trydydd o'r cwmni o un drws i'r llall â'i bin casglu arian.

Byddai'n rhaid iddo fynd o un drws i'r llall am na feiddiai neb aros allan ar y Sgwâr! Mentrodd un o'r gwŷr hynaf fynd i siarad â'r dynion a gofyn sut yr oedd wedi gallu dysgu'r arth i ddawnsio i'r miwsig. Ei ateb oedd ei fod wedi rhoi'r arth mewn pair poeth pan oedd yn ifanc a chwarae'r miwsig a bod yr arth wedi gorfod dawnsio er mwyn achub ei draed rhag llosgi, a'i fod yn cofio am y pair poeth byth oddi ar hynny pan glywai'r consertina. Ni wn faint o goel sydd ar hynny!

Gŵr o'r Gogledd oedd Tomos Owen a deuai ar hyd ffermydd y fro i chwilio am waith. Ond gŵr sychedig iawn oedd Tomos, meddai Kate:

Pan fyddai wedi bod wrthi yn ddyfal yn torri ei syched dychrynai ef y plant pan fyddai'n rholio yn y clawdd a'i frest melyn blewog yn y golwg. Clywais amdano un tro fel yr oedd wedi mynd i fferm i ofyn am waith. Dywedodd gwraig y fferm wrtho y byddai'n rhaid iddo brynu pilyn i wisgo amdano am fod yn gas ganddi ei weld yn hanner noeth. Atebodd yntau mai dyna'n union oedd ei fwriad ar ôl yr enillai ychydig sylltau. Ar hyn estynnodd y wraig ddigon o arian iddo i brynu trwser. Bore trannoeth ar ôl brecwast, aeth Tomos i Landysul i brynu rhywbeth i guddio'i noethni. Galwodd yn Nhafarn Ffynnon Saer i gael un ffliwen i dorri ei syched, ond ni wnaeth hynny ond rhoi mwy o syched iddo, a bu yn y tafarn yn trio cael gwared ar ei syched hyd nes y gwariodd arian y llodrau bob dimau. Pan gyrhaeddodd y fferm yn hwyr yn y prynhawn ei gyfarch i wraig y fferm oedd, "Dyma fi wedi dod 'nôl â'r bol yn llawn ond â'r ben-ôl yn noeth." Ni wn a gafodd lodrau byth.

Ond gyda'r tramps roedd yna grwydriaid eraill a'r rheiny oedd y Sipsiwn. Yn y blynyddoedd cynnar roedd gan y Sipsiwn hawl i aros dros nos bron lle y mynnent. Roedd y cleisiau yn ddigon llydan i dderbyn y garafán a hynny heb amharu ar yr heol ei hun. Yn gyson, i Bren-gwyn y deuai'r Lovells, yr Evansiaid a Ben Llangadog. I Kate Davies a'r trigolion, sioe oedd gweld y gymanfa yn dod. Y garafán yn arwain ac yn cael ei thynnu gan geffyl brithliw. Eisteddai'r hen wraig wrth ddrws y garafán fel brenhines y teulu gyda modrwyau aur ar ei bysedd a chlustlysau yn hongian hyd at ei hysgwyddau. Yn dilyn byddai yna gynffon hir o gartiau gyda'r ieir a'r ceiliog bantam, ac yn cloi'r berorasiwn bob amser byddai dwy neu dair gafr. Wedi cyrraedd a setlo byddai gwaith i'w wneud, yn ôl Kate Davies:

Âi'r benywod o ddrws i ddrws i bedlera eu nwyddau tra byddai'r bechgyn yn y dafarn. Gofalent bob amser i ddod allan â pheint i'r frenhines a eisteddai wrth ddrws y wagen – tebyg bod mwy o syched arni hi na neb arall. Arhosai'r bechgyn yn rhy hir yn aml a byddai'r menywod yn mynd mewn i'r dafarn i geisio ganddynt ddod, a dyna hi yn gynnen wyllt. Pan ddigwyddai hynny, balch oedd pawb i weld y wagen gyntaf yn symud i ffwrdd a'r lleill yn ei dilyn yn gonfoi mawr hyd nes y deuai tro'r afr i gyffro a gadael llwybr hir o ddom bach du ar ei hôl ar ôl iddi gropio'r borfa wrth fôn y *fingerpost*.

Crwydriaid Ardal Garndolbenmaen

MAE'R LLYFR *Ar Grwydir* yn drysor amhrisiadwy. Bu, ac mae gennyf ddiddordeb mawr mewn fforddolion fel yma erioed. Ganwyd fy nain ar ochr fy mam ar ffarm Drws-y-coed, Rhyd-ddu; roedd yr hen dŷ ar ochr y ffordd o Nantlle i Ryd-ddu. Roedd mam Nain yn wraig hynod o garedig (fel Nain ei hun) a byddai lloches i dramps neu grwydriaid bob amser ac yn ystod y dyddiau rhwng dyddiad geni a blwyddyn priodi fy nain (1872–1901) bu llawer o grwydriaid ar y ffarm. Yn wir, roedd hi'n eithriad pan nad oedd yna rai yn cysgu yn y stabal yn Nrws-y-coed.

Roedd Hugh Jones, taid fy nain, yn gryn gymeriad ac yn hoff o ddilyn y Cotia Cochion, yn ôl Nain, ac yn hoff iawn o'i ddiod heblaw te. Yna byddai'n meddwi – un stori yw iddo golli tri chant, arian roedd wedi ei gael am werthu stoc. Fe'u collodd nhw yn nhafarn Cwellyn Arms Rhyd-ddu. Sofrenni adeg hynny, yn bur debyg. Roedd wedi colli ei wraig. Felly roedd yn byw efo'i ferch Mary (mam fy nain) a'i gŵr, sef Richard Evans. Gwas oedd hwnnw cyn priodi Mary a doedd o ddim wedi plesio yr hen Hugh. Gadawodd Mary gartref a symud i fyw i Gaernarfon ond wrth hela gyda'r Cotia Cochion torrodd Hugh Jones ei goes yn ddrwg a daeth Mary adra i dendio arno.

Dyn gwael ei iechyd ond hynod garedig oedd Richard Evans. Roedd ganddo frest wan a bu farw pan oedd Nain yn 12 oed. Hi oedd y 'fenga o 6 o blant. Tra roedd ei thad yn eistedd wrth y tân daeth tramp heibio a chafodd bowlenaid o botas. Yn y tŷ hefyd roedd Hugh Jones. Aeth y tramp i weddïo dros y gŵr ifanc. 'Mendia y gŵr ifanc, O Arglwydd,' meddai, 'a SOBRA yr hen ŵr.' Ar hynny dyma H J yn dweud, 'Meindia dy fusnas, y diawl, a byta dy botas a dos.' Un o hoff storïau fy nain oedd hon, clywais hi lawer tro – dwi'n gweld y darlun o 'mlaen rŵan!

Roedd nith i fy nain, Mary arall, yn byw yn Gelli Ffrydiau, Nantlle. Cofiaf sawl tramp yno hefyd a modryb Mary yn cael hwyl yn eu cwmni. Cofiaf John Preis Clynnog yno, a thramp arall o'r enw Springtime yn dweud wrtho, 'You stink, son'. Un o gas bethau John oedd ymolchi. Mewn ugeiniau o gartrefi, cedwid cwpan, basin neu blât a hyd yn oed gyllell, fforc a llwy ar gyfer John. Mae yna nifer o gartrefi yn dal i'w cadw er cof amdano.

Dwy filltir o Fryn Efail oedd Tyddyn y Graig, nepell o Eglwys Dolbenmaen ar y ffordd gul am Gwm Pennant. Yno roedd Mam yn cofio dynas o'r enw Ann – Ann Lliw Glas. Cysgai Ann yn y beudy a gwerthai y lliw glas at wynnu dillad yr adeg hynny, tua 1940–50. Byddai yn holi a oedd tramps yn dod i aros, gan fod Ann yn ofni rhannu'r beudy gyda neb – a holai a oedd yn iawn iddi 'doileda fel y da'? Sbario iddi fynd allan i'r nos i bi-pi. Galwai Sipsi arall ar dro a gofyn i Nain am 'de rhydd'. Wedi ei gael, gofynnai am siwgwr a hwnnw yn brin y pryd hynny. Nid oedd terfyn ar ei begerian.

Cofiaf yn 1945 aros wrth y bws yn Nolbenmaen. Tacsi ddôi â phlant y Pennant at y bws a'n cludo ni i Ysgol y Garn. Roedd Ifan Henri yn glamp o hogyn ac yn fwy mentrus na'r gweddill ohonom, ac un tro fe ddringodd dros y giât i'r tŷ gwair ym Mhlas Dolbenmaen a gweld dwy wadan esgid o dan y gwair.

'Be 'di'r rhain, dwed?' gofynnodd. A thynnodd Ifan y ddwy esgid allan – dyn byw oedd eu perchen ac roedd newydd gael ei ddeffro o gwsg melys. Ffromodd ar ôl codi a chwyno wrth y dyn tacsi, sef Mr England (Iddew o Birmingham). 'Can't you teach these children better manners?' gofynnodd y tramp. 'They are not mine,' meddai Mr England.

'Well can't you even let a poor man sleep?' meddai'r tramp drachefn.

Aeth pethau'n waeth. 'Can't you find work?' gofynnodd y gyrrwr, ac aeth y tramp ymlaen yn wantan am Bont Dolbenmaen ac i'w hynt.

Tybed pwy ydoedd a beth oedd ei enw? Ac os mai Sais oedd o? Ni siaradai Mr England Gymraeg o gwbwl!

Yng Ngheredigion roedd yna grwydryn arall o'r enw Dafydd Gwallt Hir (Dafydd Jones o Fwlch-llan). Yn ardal Llanarmon Mynydd Mawr, Llanrhaeadr-ym-Mochnant a'r cylch roedd yna grwydryn o'r enw 'Dyn Gwallt Mawr'. Fe aeth yntau, am resymau nas gwyddom, i grwydro ac ni wnaeth gysgu mewn tŷ byth eto. Richard Hughes oedd ei enw. Adeg Nadolig byddai'n ymuno â gwasanaethau'r Plygain a byddai'n canu gydag arddeliad, yn ôl y sôn. Carai ei fro a cherddai o le i le gan ganu wrth gerdded yn mwynhau a gwerthfawrogi byd natur o'i gwmpas. Byddai ei wallt mawr yn chwythu yn y gwynt. Byddai'n gweithio mewn rhai llefydd ar y daith ac am hynny câi fwyd a lle i gysgu. Roedd yn ymuno ar y Sul i addoli mewn capeli ac eglwysi. Gellid dweud mai nid ei 'wallt' yn unig oedd yn fawr ond, yn ôl tystiolaeth, mawr oedd ei ffydd hefyd.

Eleanor Roberts

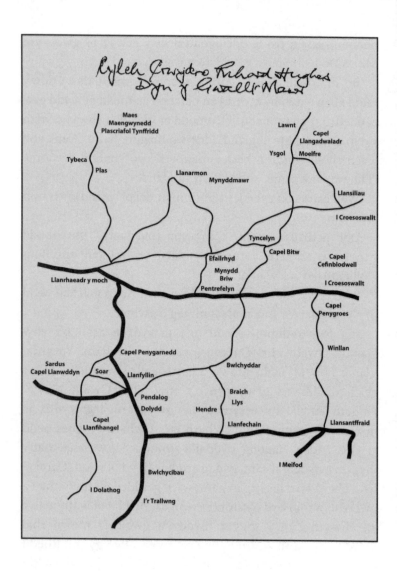

Crwydriaid Alan Spillet

G ANWYD ALAN SPILLET yn Llundain. Yn ddwy ar bymtheg oed fe aeth yn fyfyriwr i goleg arlunio. Ymhen rhai blynyddoedd cafodd wersi gyrru a llwyddo. Yna fe aeth ymlaen i ennill trwydded HGV fyddai'n ei alluogi i yrru lorïau trymion. Bu'n teithio Prydain gyfan yn cario llwythi o fetel ac ati o un lle i'r llall. Ystyrid gyrwyr lorïau y pryd hynny yn grwydriaid dosbarth canol, oherwydd eu bod yn byw ar y ffordd ac yn cysgu'r nos yn y cab.

Tyfodd cariad Alan at Gymru a Cheredigion yn arbennig, a hynny oherwydd caredigrwydd a chroeso ei thrigolion. Ple bynnag yr âi, ni châi gysgu yn y cab, rhaid oedd cael gwely gyda'r teulu yn y tŷ, gyda'r canlyniad iddo ef a'i deulu symud i fyw i Aberaeron. Bu yno am bum mlynedd ar hugain, ond ers saith mlynedd maent yn byw yn Rhydlewis.

Yn y blynyddoedd y bu'n gyrru, daliai y golygfeydd a welodd ar ei deithiau, ac fe ddihunwyd yr artist ynddo. Teflid y lluniau ar sgrin y cof, a chyda'i frwsh a'i baent trodd y rhain yn lluniau byw. Roedd ganddo le cynnes a meddwl mawr o'r crwydryn fel y gwelir drwy'r lluniau.

Dysgwr yw Alan a chafodd flas ar ddarllen *Ar Grwydir* a'i ddisgrifio fel, 'Llyfr diddorol ac unigryw.' Dyma bedwar llun o'i eiddo.

Mae'r llun cyntaf yn seiliedig ar grwydryn a welodd Alan droeon yng Nghernyw pan oedd yn gweithio fel gyrrwr lori.

Mae'n pwysleisio diffeithwch y ddaear mae'n cerdded arni, yn gwthio ei bram a phopeth a berthynai iddo. Hefyd dengys mor unig mae hi arno. Mae'r cefndir yn seiliedig ar lun gan Medyansky a oedd yn paentio crwydriaid yn Hwngari tua 1910. Diolch i Peter Rule o Alnwick, Northumberland am y llun.

Cyfarfu Alan â'r ail grwydryn tra oedd yn cerdded darn o Pilgrim's Way sydd yn cael ei adnabod fel 'Pikey Lane'. Mae'r gair 'Pikey' yn dod o'r hen air oedd yn cael ei ddefnyddio i ddisgrifio'r ffyrdd tyrpeg fyddai'r crwydriaid yn eu dewis er mwyn osgoi trafnidiaeth. Mae 'Pikey' hefyd yn cael ei ddefnyddio i fychanu'r Sipsiwn Romani ond dydyn nhw ddim yn anhapus gyda'r defnydd o'r gair. Paentiwyd y llun hwn yn 1986.

Paentiwyd llun Dafydd Gwallt Hir gan Dilys Lloyd Davies o Rydlewis. Roedd ei theulu yn arfer edrych ar ôl Dafydd pan fyddai'n ymweld â'r pentref. Mae Dilys yn cofio amdano yn ymweld â Rhydlewis bob rhyw dair wythnos ac yn aros mewn sied sinc yng Nghware Gwerndafydd. Yn ddi-os byddai ci bach Gwerndafydd yn dod i'w gyfarfod ac yn aros gyda fe yn y sied tan y byddai'n gadael.

Sgets o Dick Barratt a oedd yn byw yn y goedwig gyferbyn â'r A11 yw'r llun olaf. Hon oedd yr hen ffordd o Lundain i Norwich o 1960 tan 2009. Bu Dick farw yn ystod un gaeaf oer ac yntau yn saith deg saith oed. Roedd e'n hanu o deulu'r Romani. Yn ddyn poblogaidd gyda pharch mawr iddo, byddai'n codi ei law ar yrwyr lorïau wrth iddyn nhw fynd heibio. Paentiwyd y llun hwn yn 2012 gan Gareth George o Lanymddyfri.

Fe welodd Alan Spillet y crwydryn
hwn droeon yng Nghernyw,
yn gwthio ei bram a phopeth a
berthynai iddo.

Pilgrim's Way neu 'Pikey Lane'.

'Kip' gan Dilys Lloyd Davies yn dangos Dafydd Gwallt Hir yn cysgu ger ei gert.

Sgets o Dick Barrat oedd yn byw yn y goedwig.

Anne Naysmith

E FALLAI EICH BOD eisoes yn gyfarwydd â stori *The Lady in the Van* Alan Bennett. Mae yna adlais o stori bywyd Miss Mary Shepherd, a fu'n byw mewn fan ar ddreif yr awdur enwog yn Camden, yn hanes Miss Anne Naysmith, menyw arall dalentog ond anghonfensiynol. Anfarwolwyd Shepherd yn y ddrama a'r ffilm o'r un enw. Ond roedd ganddi hi ac Anne Naysmith lawer yn gyffredin – y ddwy yn gerddorion talentog, y ddwy wedi dioddef ond wedi aros yn ddewr ac yn annibynnol trwy'r cyfan.

Enw bedydd Naysmith oedd Anne Smith. Wedi ei geni yn Essex yn 1937, fe newidiodd ei henw yn nes ymlaen ac fe'i hadnabyddid am weddill ei hoes fel Anne Naysmith.

Yn wyth mlwydd oed fe symudodd Anne Smith a'i theulu i Hounslow yng ngorllewin Llundain. Roedd y ferch ifanc yn bianydd dawnus ac erbyn ei bod yn 18 oed roedd yn barod i fynychu yr Academi Gerdd Frenhinol. Cafodd swydd yn dysgu cerddoriaeth mewn ysgol cwfaint yn Berkshire ac erbyn 1969 roedd yn dysgu, yn ogystal, yng Ngholeg y Drindod yn Llundain. Bu'n ddarbodus gyda'i harian a llwyddodd i brynu car Ford Consul a symud i fflat yn 22 Prebend Gardens yn Chiswick.

Parhaodd Naysmith i ddatblygu fel cerddor a phianydd a chafodd y cyfle i chwarae gweithiau Beethoven, Bach a Debussy yn Nhŷ Leighton ym Marc Holland yng ngorllewin

Llundain yn 25 oed, a mynd ymlaen i berfformio cyngherddau symffoni wedi eu noddi gan Syr Adrian Boult. Yn 1967 roedd ei mam yn awyddus iddi gael cyfle i serennu. Fe huriodd Neuadd Wigmore i Naysmith a chanmolwyd hi i'r entrychion ym mhapur y *Times* am ei pherfformiad o waith Rachmaninov.

Ond i un a fu mor ddarbodus yn ariannol, fe ddigwyddodd yr annisgwyl yn y saithdegau. Rhoddodd y gorau i ddysgu a daeth ei charwriaeth gydag aelod o'r côr i ben. Aeth pethau o ddrwg i waeth iddi. Bu raid iddi adael ei llety a throi i gysgu yn ei char, a hynny ger rhif 22 Prebend Gardens.

Teimlai iddi gael cam enbyd, ond gwaethygu wnaeth ei byd. Dechreuodd rhai o'r trigolion betisiwn iddi symud a rhoddwyd ei char ar dân. Er i'w chefnogwyr fenthyg Mercedes iddi fe'i difrodwyd gan fandaliaid ar y noson gyntaf a gadael Naysmith yn ddigartref eto.

Dechreuodd gysgu wrth fynedfa ysgol, cyrraedd yno ar ôl i'r dosbarthiadau nos orffen a gadael cyn i'r ysgol agor trannoeth. Eto roedd parch mawr iddi ac mae un o'i ffrindiau yn talu teyrnged iddi:

In truth, I think, Naysmith is the exception who proves the rule. The rule is that people do not end up homeless on principle and that it is dangerous to allow people to drift into such a situation – not necessarily for them personally, but for the fabric of society as a whole.

I don't suppose she would have seen it this way. Naysmith's story is a cautionary tale, a warning that it is foolish to make it hard for people to make and keep a home – as we have been doing in this country for half a century now. One Anne Naysmith is a character, local colour, extraordinary.

Yn Chwefror 2015, yn 77 oed, bu farw Naysmith yn dilyn

Roedd Anne Naysmith yn byw mewn car.

gwrthdrawiad gyda lori tra oedd yn cerdded un o'r strydoedd yn Chiswick, stryd y bu'n ei cherdded yn ddyddiol am flynyddoedd.

Mae digartrefedd yn newid bywydau pobl ym mhobman ac mae yna resymau drosto. Siom, colli anwyliaid ac yn hanes nifer o'r crwydriaid, dychwelyd o'r fyddin a chanfod bod y cartref wedi ei fomio a'r teulu o dan y rwbel.

Bob nos mae cannoedd o bobl yng Nghymru yn cysgu ar y strydoedd neu mewn llochesi i'r digartref. Yn ddiweddar mae elusennau Shelter Cymru a Crisis wedi datgan eu pryder am y cynnydd mewn digartrefedd yng Nghymru ac yn arbennig yn niferoedd y rheiny sy'n cysgu ar y strydoedd heb unrhyw loches. Mae digartrefedd ar gynnydd yma fel y mae yng ngweddill Prydain. Mae'r elusennau sy'n gweithio gyda'r digartref yn cydnabod ac yn gwerthfawrogi'r cymorth maen nhw wedi ei gael gan bobl sy'n gwirfoddoli ac yn rhoi o'u hamser a'u hegni i helpu'r digartref. Y nod yw gofalu bod pawb yn byw ac yn cysgu dan do yma yng Nghymru o fewn y blynyddoedd nesaf.

Cerdded Ymlaen

O Dregaron i Ystumtuen, Aberystwyth, Llansawel, Llandeilo a Rhydaman

Bu JIM DAILEY a ddaeth i Geredigion o Iwerddon yn gweithio gyda theulu Charles Arch. Rhyw dridiau ar y tro fyddai hynny cyn iddo ofyn am arian i gael mynd i'r dafarn i dorri syched a meddwi yn garbwl. Ar ôl hynny drwg ei dymer fyddai nes iddo sobri. Mae Charles yn cofio amdano un tro yn mynd i'r beudy i garthu a hynny cyn sobri. Ceisiodd lwytho'r dom i'r whilber i gyd mewn un llwyth, gyda'r canlyniad i honno chwalu'n yfflon. Taflodd Jim y rhaw gan estyn cic i'r fuwch wen. Ond doedd yr un Gwyddel yn mynd i gael y gorau arni hi. Dyma gic yn ôl iddo a hynny rhwng ei goesau. Bu mewn poen ar y gwair am amser hir nes iddo sobri. Ar ôl hynny fe gerddai yn reit ryfedd.

Cymeriad arall o grwydryn a fyddai'n galw gyda theulu Charles Arch yn ystod yr haf oedd Swift. Doedd neb yn gwybod beth oedd ei enw bedydd. Bu'n filwr mae'n debyg yn ystod y rhyfel a phan ddychwelodd adref i Lundain roedd y tŷ a'r teulu wedi eu claddu o dan y rwbel yn dilyn y bomiau.

Bu hyn yn ddigon i Swift fynd yn grwydryn. Dyma droi at

Gymru. Byddai'n treulio cyfnod cneifio ar fynydd Tregaron gan gasglu gwlân a'i gario i fyny i'r llofftydd uwchben y sied gneifio. Wedyn byddai rhywun arall yn lapio ac yn pacio'r cnuoedd. Daeth ei gyfnod cneifio yn Nhywi Fechan i ben bron ar yr union funud y daeth yr alwad i ginio. Ar ôl gollwng styllen yn yr ystafell wlân, ymddangosodd coesau Swift o gyfeiriad y llofft. Dyma'r bechgyn yn dal ar y cyfle i glymu ei draed yn dynn o dan y llofft fel na allai symud. Yno y bu dros ginio nes i'r perchennog weld ei eisiau a'i ryddhau. Roedd Swift yn gandryll ac aeth i ffwrdd gan alw pawb, yn enwedig y Cymry, yn bob enw dan haul!

Mae Evan Jones yn ei lyfr *Ar ymylon Cors Caron* yn cyfeirio at ddau grwydryn a alwai yn lled fynych. Un ohonynt oedd Dafydd Jones, saer maen wrth ei alwedigaeth oedd wedi troi i grwydro'r ffordd. Yn ŵr byr o daldra, yr enw a arferid arno oedd Masiwn Bach. Gwae'r neb a gyfeiriai ato wrth yr enw hwnnw ond byddai ei ysgwyddau yn ymledu o gael ei alw'n Dafydd Jones.

Enw'r gŵr arall oedd Dafydd Mathews. Gogleddwr oedd wedi dysgu crefft ffatrïwr, ond am ryw reswm neu'i gilydd penderfynodd fynd yn grwydryn. Siaradai'n araf ac yn bwyllog gyda phob gair yn ei le. Cysgai mewn sguboriau ac yno y byddai'n cael ei fwyd hefyd.

Yn ei lyfr *Bro Annwyl y Bryniau* mae J Henry Griffiths yn sôn am rai fel Pegi Mac ac yn ei disgrifio fel math o hipi yn yr oes o'r blaen. Roedd yn byw mewn bwthyn bach un ystafell ger sgwâr y pentref yn Ystumtuen. Crwydrai o gwmpas tai y gymdogaeth yn cardota, gan wneud ychydig o waith am y cardod weithiau. Roedd ganddi anifail anwes anghyffredin y pryd hynny – llygoden fawr! Byddai'n rhannu ei bwyd gyda'r llygoden ac yn ei maldodi yn ei chôl gyda'r nos.

Cafodd Twm Llidiart Dŵr ei fagu ar y plwyf gyda'i fam yn mynd o amgylch cartrefi i ennill ychydig geiniogau yn rhagor at eu cynnal, gan gario Twm ar ei chefn. Wedi tyfu'n ddyn gwelodd Twm mai ei le ef oedd crwydro a'i faes oedd canolbarth Cymru. Byddai'n dychwelyd i'w gynefin bob gwanwyn ac yn gofalu galw yn nhai'r ardal amser bwyd, ac yn wir yn cael ei dderbyn gan bawb i gymryd sedd wrth y bwrdd. Yn y tai mas y cysgai oherwydd mae'n debyg fod ganddo gwmni yn ei grys gwlanen. Roedd Twm yn grwydryn digon parchus a byddai'n cyfarch pob hen wraig fel 'bodo' (anti). Wrth wneud hynny câi ymateb ffafriol a llond plât o fwyd, neu frechdanau i fynd ar ei daith.

Pan oedd Martin Lewis yn was fferm yn Frowen, Cefnpant roedd pob tramp fyddai'n galw yn cael llond plât o fwyd ac yn bwyta wrth y bwrdd yn y gegin fach. Byddai croeso iddyn nhw aros y nos a chysgu yn y storws uwchben y stabal, lle fyddai'r gweision yn cysgu.

Ymunodd Martin Lewis â'r Heddlu yn 1951 ac un noson cyn y Nadolig daeth tramp i'r swyddfa yn Rhydaman yn gofyn a gâi gysgu yn y gell dros nos. 'Na' oedd yr ateb am fod y gell ar gyfer troseddwyr. Atebodd yntau, 'I'll soon fix that.' Aeth allan o'r swyddfa a cherdded rhyw ganllath i lawr y ffordd a thaflu carreg drwy ffenest Banc Barclays! Am hynny cafodd ei roi yn y gell ac roedd yn hapus i gael bwyd a gwely ar ddydd Nadolig a San Steffan.

Yn 1954 roedd Martin Lewis yn heddwas ym Mrechfa. Cafodd alwad bod moch bach yn cael eu cam-drin ar y rhos rhwng Brechfa a Phontynyswen. Mis Chwefror oedd hi gyda pheth eira ar lawr; roedd y moch rhwng 9 a 12 wythnos oed ac yn cael eu cadw mewn lloc sinc heb do yn erbyn y clawdd. Doedd dim gwellt oddi tanynt a'r unig fwyd o'u blaenau oedd picls a phacedi o sherbet. Y perchen oedd hanner tramp o'r enw Samuel Hollingshead. Roedd e'n casglu sbwriel o gaffis yng Nghaerfyrddin iddo fe a'r moch ac yn byw mewn tai mas yng Nglangwili. Fe ymddangosodd o flaen ynadon Llandeilo a chael dirwy o £30. Ond doedd Hollingshead ddim am dalu unrhyw ddirwy ac fe ffodd 'nôl i'w hen gartref yn Norwich. Erbyn mis Awst roedd y ddirwy heb ei thalu a chyflwynwyd gwarant i'w arestio. Aeth plismon o Gaerfyrddin i'w arestio a dod 'nôl â Hollingshead ar y trên i ymddangos o flaen yr ynadon yn Llandeilo. Cafodd dri mis o garchar ond yna fe eglurodd Clerc y Llys nad oedd Hollingshead wedi talu 15 o ddirwyon yng Nghaerfyrddin. Am hynny cafodd fis ychwanegol o garchar. Roedd Hollingshead yn hapus ar hynny. Y ddirwy yn cael ei chlirio ac yntau'n mynd i'r carchar a chael y cyfle i ddarllen rhyw bedwar llyfr oedd ar ei restr.

Heddwas yn Llandeilo oedd Martin Lewis pan wnaeth gyfarfod â George Gibbs am y tro cyntaf. Cart bach oedd gan George y pryd hynny – roedd y pram i ddod! Byddai'n galw yn Swyddfa'r Heddlu yn y wlad i gael cwpaned o de a chacen. Yna byddai'r plismon yn rhoi ffurflen HORT/1 iddo a fyddai'n rhoi'r hawl iddo alw yn y swyddfa nesaf ar ei ffordd.

Yr adeg hynny byddai George yn treulio'r gaeaf yn Stormy Down, yna'n teithio trwy Gymru yn y gwanwyn a'r haf. Fe gyfarfu Martin Lewis â George yn Llansawel, Llandeilo, Caerfyrddin ac Aberaeron. Weithiau gallai fod yn gur pen. Byddai'n cyrraedd Swyddfa'r Heddlu yn Aberaeron tua 11.30 yr hwyr ac yn gofyn am 'Sarge' Martin Lewis. Gwraig Martin fyddai'n ateb y drws ac yn dweud wrtho bod 'Sarge' allan. Byddai George yn ateb, 'Never mind, I'll wait'. Yno byddai George tan bod Martin Lewis yn dod yn ei ôl. Wedyn byddai George yn dod mewn i'r swyddfa i gael cwpaned o de a chacen a chlonc. Gallai fod yn ben tost tra oedd yn y cylch, yn galw bore a nos am ei gwpaned a'i gacen.

Byddai George yn gor-aros y croeso weithiau. Os byddai hynny'n digwydd yn Aberystwyth a'r crwydryn yn ben tost yn y dref, byddai'r heddlu'n ei arestio a'i gadw mewn cell dros nos. Yna yn y bore bydden nhw'n cynnal llys ffug a'r ddirwy oedd bod y crwydryn yn cael ei wahardd o'r dref am dri mis. Yna byddai'n cael ei roi ar y bws allan o Aberystwyth.

Roedd George Gibbs yn cael croeso mawr yn Swyddfeydd yr Heddlu. Yn Nhregaron byddai'n cael cysgu yn y garej. Un

Llun o'r golomen o waith George Gibbs.

bore Sul, pan ddaeth gwraig yr heddwas allan o'r tŷ, gwelodd fod George wedi bod yn golchi ei ddillad isaf a bod blwmers mawr coch ar y lein ddillad. A dyna stop ar George yn golchi ei ddillad yno eto!

Roedd George yn ymhyfrydu yn llwyddiant pobl mewn busnes neu mewn gweld rhywrai'n gwella o salwch. Yr hyn fyddai'n ei wneud wedyn fyddai rhoi llun o'r golomen o'i waith ei hun yn anrheg iddynt. Mae'r golomen yma sy'n symbol o heddwch a llwyddiant i'w gweld yn Swyddfa Cwmni Arwerthwyr Tai Morgan a Davies, Llanbed.

Orig yng Nghwmni Pedwar Crwydryn

Byddai George Bird 'Radio King' yn ymweld â Phenlanogle, Ciliau Aeron ac Aberaeron yn rheolaidd. Danfonai gerdyn yn rhybuddio ei fod ar ei ffordd. Y cyfeiriad fyddai 'Mr & Mrs Ellis & all, The Farm on the right hand side, on the Lampeter Road, 3 miles from Aberaeron'. A chwarae teg i'r llythyrgludydd fe fyddai'r cerdyn yn cyrraedd yn brydlon.

Byddai George Bird yn cysgu ar y storws yn Penlanogle ac, yn ôl ei ddymuniad, yno fyddai e'n cael ei fwyd. Cyfeiriai ato'i hun fel dyn heb gartref.

Yn dilyn ymddangosiad *Ar Grwydir* daeth y wybodaeth ganlynol amdano gan Goronwy Davies, Maestyddyn, Abergele. Mae'n debyg mai 'Charlie' ac nid 'George' oedd ei enw yn Abergele. Ym mhumdegau cynnar y ganrif ddiwethaf, byddai'n gwerthu radios yn y ffeiriau yn Abergele. O fewn tafliad carreg i Maestyddyn roedd Tyddyn Ucha Bach ac yno ar adegau y byddai Charlie yn lletya. Cysgai yn rheolaidd ar lawr pridd ac ychydig o wellt drosto. Arhosai yn ei dro ar fferm Plas Gwyn ger y Rhyl. Byddai hefyd yn aros mewn llefydd ger Pandy Tudur a Llansannan. Teithiai gryn dipyn ar fysus Crosville. Er ei fod yn ymddangos fel cardotyn tlawd, y gwirionedd oedd bod tipyn o arian yn ei boced. O dro i dro teithiai i Fanceinion a phan ddychwelai byddai leining ei wasgod yn llawn rhyw fân dlysau ac yn tician gan watsys.

Yn ôl y sôn, ychydig iawn y byddai'n siarad am ei deulu. Roedd ei daid yn berchen ar fragdy, y Bird Brewery ym Manceinion. Ar droad y ganrif ddiwethaf roedd y cwmni yma'n berchen ar nifer o dafarndai yng ngogledd Cymru. Ond roedd yn Charlie yn y gogledd a George yn y de ac yn llwyrymwrthodwr. Bu farw yng nghanol y saithdegau.

Bu farw Dick Dunn yn Ysbyty Rhuthun yn 66 oed a chafodd ei gladdu ym Mynwent Eglwys Sant Meugan, Llanrhud. Cyn-filwr wedi'i glwyfo yn y Rhyfel Byd Cyntaf oedd Dic ac roedd ganddo blât arian yn ei ben. Arferai gerdded 'nôl a blaen o Ruthun i Bontuchel gan weithio ar ambell fferm ar hyd y ffordd. Byddai'n galw'n gyson yn siopau Bontuchel a Chyffylliog i fegian am ychydig fwyd a thybaco. Ceir hanesyn amdano ar ei ffordd rhwng Dinbych a Llansannan yn ystod gaeaf caled 1962. Bu ar goll am bythefnos a'r gred oedd iddo fogi yn y lluwchfeydd. Ond fe gyrhaeddodd ben ei daith yn ddiogel am iddo lwyddo i gadw'n gynnes trwy gysgu gyda'r defaid.

Crwydryn a arferai ymweld â Dinbych oedd Richard Robert Jones ond roedd yn fwy adnabyddus fel Dic Aberdaron. Ei brif ddiddordeb oedd casglu llyfrau, darllen, chwilota a dysgu ieithoedd. Crwydrai'r wlad gyda stoc o lyfrau o bob maint a chyflwr, rhai bach yn llenwi'i bocedi a'r rhai mawr mewn hen sach ar ei gefn. Byddai'n galw yn aml yn Nhlotai Rhuthun a Llanelwy. Bu farw Dic yn Llanelwy ac fe'i claddwyd ym mynwent yr Eglwys ar Ragfyr 21ain, 1843 yn 63 oed. Ar ei garreg fedd ceir yr englyn:

Roedd Dick Dunn yn gyn-filwr gafodd ei glwyfo yn y Rhyfel Byd Cyntaf.

Richard Robert Jones neu Dic Aberdaron a arferai ymweld â Dinbych.

Ieithydd uwch ieithydd wythwaith – gwir ydoedd
    Geiriadur pob talaith;
    Aeth angau â'i bymthengiaith,
    Obry'n awr mae heb 'run iaith.

Gŵr arall oedd yn cerdded ffyrdd Dyffryn Clwyd ac yn dringo mynyddoedd Hiraethog oedd Thomas Poole, yn fwy adnabyddus wrth yr enwau Twm Pŵl neu Twm Pricie. Doedd ganddo fawr o awydd gwaith a byddai'n barod i gydnabod hynny mewn llinellau o'i eiddo:

Tomos Pŵl ar ei daith yn chwilio am waith
Ac yn gweddïo ar Dduw na chaiff ddim chwaith.

Un o driciau Twm Pŵl i gael bwyd oedd mynd i'r capel ar y Sul ac aros i'r Gweinidog a'r blaenoriaid ddod allan o'r

gwasanaeth. Yna byddai'n canmol y bregeth ac yn adrodd emyn. Os na fyddai hynny'n gweithio, byddai'n canmol Iesu Grist fel rhoddwr hael!

Thomas Poole oedd yn fwy adnabyddus wrth yr enwau Twm Pŵl neu Twm Pricie.

Cyn-filwr oedd Alic Ellis Llanefydd. Bu'n byw bywyd anodd am gyfnod hir. Arferai gysgu ymhlith yr adfeilion ac am gyfnod yng nghefn hen gar ac yno y bu farw.

Yn Ninbych oedd Seimon Rags yn crwydro ac, fel mae'r enw yn awgrymu, carpiog oedd y wisg a phrin y gallai unrhyw un ddioddef eistedd yn ei ymyl.

Y Crwydryn Bonheddig

Y CRWYDRYN BONHEDDIG oedd Dafydd Gwallt Hir gyda'i wallt hir du modrwyog yn disgyn at ei ysgwyddau ac yn disgleirio yn yr haul. Yn ôl Lloyd Jones, Ystrad, Llanddewi, defnyddiai laeth i'w olchi a hynny er mwyn sicrhau'r sglein.

Galwai yn gyson iawn yn Ystrad Dewi oherwydd ei hoffter o ganu. Roedd Lloyd a'i chwaer, Megan, yn eisteddfodwyr brwd. Byddai Dafydd yn pwyso wrth sil y ffenest, neu'n sefyll ar stepen y drws yn gwrando ar y ddau yn ymarfer. Cyfansoddodd eiriau pwrpasol iddynt gystadlu i gyfeiliant y delyn neu'r piano. Nid âi i dŷ neb ac fe fyddai'r siarad yn digwydd ar y clos neu yn y tai mas.

Ni fyddai'n gwneud unrhyw waith ar y fferm. Cysgai mewn gwely gwellt yn y sgubor gyda'i gert wrth ei ymyl bob amser. Ni dderbyniai ddŵr na bwyd ond wrth yr etholedig rai. Roedd arno rhyw ofn anesboniadwy y gallai fod gwenwyn yn y dŵr neu wydr wedi ei friwio yn y bwyd. Derbyniai doc neu ddau o fara a darn mawr o gaws ond ni fynnai fenyn ar y bara, ac ni dderbyniai fara wedi'i dorri'n denau.

Roedd yn ddarllenwr brwd ac yn hyddysg yn ei wybodaeth Feiblaidd am y byddai'n darllen ei Feibl yn ddyddiol. Pe bai

Roedd Dafydd Gwallt Hir yn enwog am ei wallt du modrwyog.

rhywun yn gofyn, medrai leoli adnod mewn dim o amser. Ni fedrai gadw'r cyfan o'i eiddo yn y gert ac felly cadwai ei lyfrau mewn gwahanol leoedd ar hyd ei daith. Roedd ganddo lyfrgelloedd bychain i droi atynt dros y sir. Tybed ai hyn a blannodd y syniad i sefydlu Llyfrgell Deithiol yng Ngheredigion?

Yn ogystal â bod yn ŵr dysgedig roedd Dafydd Jones yn ystwyth yn gorfforol. Mae Lloyd Jones yn ei gofio ar glos Ystrad yn codi ei goes a'i rhoi y tu ôl i'w ben. Bu'n cerdded y ffyrdd am dros ddeugain mlynedd. Yn ei flynyddoedd olaf o grwydro galwai yn Ffatri Pont Llanio. Y pryd hynny sylweddolodd Morgan Davies a Jack Jones fod iechyd Dafydd yn gwaethygu. Awgrymodd Morgan Davies, gan bod y gaeaf yn nesu, y byddai'n ddoeth iddo fynd dros dro i Hafan Deg, cartref yr Henoed yn Llanbed. Byddai gwneud hynny tan y gwanwyn yn well iddo na wynebu tywydd oer y gaeaf yn cysgu mewn beudy, bing neu storws. Ateb Dafydd oedd, 'Na, mae rhyddid caled yn well na chaethiwed esmwyth.'

Mae'r penillion isod gyda'r olaf i Dafydd Jones eu cyfansoddi. Geiriau pwrpasol ydynt i Megan a Lloyd eu canu gyda'r delyn er mwyn cyfarch y flwyddyn newydd:

Dyma flwyddyn Newydd eto
Wedi gwawrio ar y byd,
Blwyddyn Newydd Dda ddymunaf
A phob llwyddiant i chi gyd.
Boed eich cwch dan nen ddigwmwl,
Hwylio'n hyf o don i don,
A phleserus eich ymdeithion
Yn y flwyddyn newydd hon.
Dyma'r amser sydd gyfaddas
Edrych 'nôl trwy'r dyddiau pell;
Craffu'n fanwl ar ein gwallau,
Gwneud pob ymdrech byw yn well.

Caru'n gilydd rydd esmwythder,
Hedd a mwynder i bob bron,
Penderfynwn barchu'n cyd-ddyn
Yn y flwyddyn newydd hon.
Boed i chwi a'ch teulu parchus
Iechyd da, ac oesau hir,
Nerth i wrthwynebu'r gorthrwm,
Nerth i sefyll dros y gwir,
Nerth i feithrin gwir frawdgarwch
Trwy bob rhan o'r ddaear gron
Ac o nerth i nerth yr eloch
Yn y flwyddyn newydd hon.

Triged cariad, ffydd a gobaith
Yn eich mynwes bob yr un.
Rhinwedd rhain all wneud y gwledydd
Fyw mewn undeb yn gytûn,
Boed i chi yr holl gysuron
Wna i'ch calon ddawnsio'n llon,
Doed i ben eich holl obeithion
Yn y flwyddyn newydd hon.

Mae'r geiriau a'r dymuniadau sydd yn y gerdd hon mor gyfoes nawr ag yr oeddynt dros saith deg mlynedd yn ôl.

Crwydriaid Cribyn Clottas

Yn ôl yr athro Ifor Williams, gwaith peryglus yw ceisio esbonio enw pentref. Awgrymodd y Parch Dafydd Evans, Cwmiago, bod yr enw Cribyn yn tarddu o Crib Inn Clottas, sef tafarn bach a arferai fod gerllaw'r pentref. Esboniad arall am yr enw yw fod hen gaer Brydeinig y tu allan i'r pentref uwchben Fferm Caerfoel o'r enw Cribyn Clottas. Yno mae'r olion cyntaf o fywyd dynol yn yr ardal. Roedd y gaer hon yn bodoli ganrifoedd cyn bod pentref yn Cribyn.

Canodd Cerngoch, brawd Joseph Jenkins, Trecefel, Tregaron, a fu'n grwydryn am bum mlynedd ar hugain yn Awstralia, fel a ganlyn i Gribyn:

Gynt Cribyn y Clottas – mae heddiw'n addas,
Ac enw rhy ddiflas ar ddinas fel hon;
O gerrig eu muriau, calch llachar a llechau,
Yn llawn o anheddau newyddion.

Bu'n rhyfel cyffredin o amgylch y Cribyn,
Dan arfau bu'r werin dros frenin y fro:
Caerfol, Rhydybanau, Maesmynach yw'r mannau
Mae nodau o'r caeau fu'n curo.

Cododd Cribyn enwogion, megis Reuben Davies, Reuben Brydydd y Coed. Gŵr a anwyd ym Mhlwyf Llanwenog, ond a gafodd ei addysg yng Nghribyn, oedd Dewi Hefin, neu David Thomas, awdur toreithiog, *Y Blodau* (1854), *Blodau Hefin* (1859), *Blodau'r Awen* (1866) a *Blodau Hefin* (1883). Daeth y rhain a'u tebyg ag enw da i Gribyn. Daeth yn bentref disgyn ac yn noddfa i grwydriaid. Yma caent waith, cysgod nos, bwyd a lle i gymdeithasu yn y Mynach a'r Three Horse Shoes.

Diwedd pumdegau'r ganrif ddiwethaf, daeth person cymharol fychan o gorff, yn gwisgo sbectol a bag ar ei gefn, i Gribyn. Safodd o flaen Mynach Villa a dechreuodd tad Wyndham siarad ag ef. Dyma'r gŵr bach yn holi a oedd gwaith i'w gael. Gofynnwyd iddo wedyn, pa waith y gallai wneud. Atebodd mai masiwn oedd ac y gallai wneud unrhyw waith adeiladu. Fel yr âi'r siarad ymlaen sylweddolwyd mai crwydryn oedd y dyn. Dai oedd ei enw ond ei fod yn cael ei alw'n Dafydd.

Arhosodd ym Mynach Villa am bron i bythefnos, cysgai yn yr adeilad ar draws y ffordd a deuai i'r tŷ i gael bwyd. Yna byddai'n aros yn y tŷ ar ôl swper i wylio'r teledu. Ei waith yn Mynach Villa oedd codi dau biler i ddal gatiau ac maen nhw yno o hyd.

Y pryd hynny, gwaith cyntaf y dydd oedd godro ac yna byddai'r gweithwyr yn mynd i mewn i'r tŷ i frecwast. Ambell waith byddai Dafydd yn dod i'r beudy ac yn mynd yn ddrwg ei dymer am ei fod yn gorfod aros am ei frecwast. Byddai Mart Llanybydder ar ddydd Llun a dydd Mawrth bob pythefnos – mart da, lloi a moch bach. Dymuniad Dafydd oedd cael mynd i'r Mart rhyw wythnos gyda Tom a Wyndham. Cafodd arian gan Tom a bu Dafydd ar y cwrw trwy'r dydd. Pan ddychwelodd i Mynach Villa roedd e'n siaradwr mawr a doedd dim na allai ei gyflawni. Bore trannoeth gofynnwyd iddo glirio cerrig a phridd wrth gefn y tŷ i godi wal. Roedd hi'n amlwg nad oedd hynny wrth ei fodd. Bu Tom yn ei holi, 'O ble'r oedd e?', yr ateb oedd, 'o'r De'. Ateb un gair oedd hi i bob cwestiwn. Yn ôl geirfa Sir Aberteifi roedd 'croen y tin ar y talcen'. Bore wedyn roedd e wedi gadael cyn i neb godi yn y tŷ na'r pentref. Ni welwyd mohono byth wedyn.

Albanwr oedd dyn y moch. Daeth yn gyntaf i'r Arlen, Dihewyd yn chwechdegau'r ganrif ddiwethaf. Roedd gan Artie Arlen sawl sied ac ynddynt fe fyddai'n tewhau moch. Pan welodd yr Albanwr y fath olygfa, awgrymodd i Artie y byddai'n barod i lanhau o dan y moch. Fe fuodd yno am rai blynyddoedd yn gwneud y gwaith. Yr hyn a'i tynnodd i Gribyn oedd y ddau dŷ tafarn, Mynach Arms a Three Horse Shoes ble fyddai digon o hwyl a chanu a chwrw. Yna byddai'n cerdded 'nôl i Dihewyd ac yn cysgu weithiau wrth fôn y clawdd. Doedd neb yn ei adnabod wrth ei enw bedydd – cyfeiriai pawb ato fel 'dyn y moch'. Ond mae yna ambell un yn rhyw gredu mai Christopher Stenson oedd ei enw.

Treuliodd Tom Brown flynyddoedd yn ardal Cribyn a Dihewyd, Llwyn-y-groes a Thregaron. Byddai'n cael ei adnabod hefyd fel Bill a Jim Brown. Ond yn ardal Cribyn a Dihewyd, Brown Brynie oedd e i bawb oherwydd pan fyddai yn yr ardal byddai'n cartrefu yn fferm y Brynie. Adnabyddid ef yng nghylch Llwyn-y-groes a Felin-fach fel Brown Brithwen – dyma le arall y byddai'n cartrefu. Yno gyda Gwilym Davies y bu farw ar Ragfyr 1962 yn 64 mlwydd oed. Roedd croeso mawr bob amser i'r crwydriaid ar aelwyd Gwilym.

Pan fyddai Tom Brown yn ymweld â Llanddewibrefi, Tregaron a Phontrhydfendigaid adwaenid ef wrth yr enw Carnera, a hynny ar ôl Primo Carnera'r bocsiwr. Fel Carnera,

Gwilym Davies, Brithwen, Llwyn-y-groes, cyfaill a roddai gartref i'r crwydriaid.

cawr o ddyn oedd Tom hefyd. Doedd dim gwaith a safai o'i flaen. Mae'n debyg y chwalwyd gobeithion Brown yn 1946 pan gafodd ei siomi wrth yr allor – ni ddaeth ei ddarpar wraig i'w briodi. Oddi ar hynny roedd yn gas ganddo ferched. Teithio ar gefn ei feic fyddai e, gyda radio ynghlwm uwchben yr olwyn ôl. Weithiau cariai gyllell yn ei ddannedd a sach dros ei wyneb. Yn naturiol byddai hyn yn creu arswyd ac yn codi ofn ar bobl. Ond er gwaetha'i olwg nid oes sôn iddo wneud niwed i neb. Ymhen rhai wythnosau fe lwyddodd yr Heddwas Tucker, Felin-fach, i ddwyn perswâd ar Tom Brown i wneud i ffwrdd â'r gyllell a'r sach.

Peilot oedd Brown ar adeg y rhyfel ac fel nifer o grwydriaid eraill pwysodd effaith y blynyddoedd hynny yn drwm arno, o ran ei gorff, ei feddwl a'i enaid. Byddai Brown yn dod yn gyson i Siop Deio Jones, Cribyn, am nwyddau ac yn arbennig am sigarennau. Byddai'n smocio 60 ohonynt yn ddyddiol. Ond ar ben y rhestr roedd bisgedi Lincoln. Prynodd feic hefyd gyda

Deio Jones a hwnnw fu gydag e wedyn yn ei gario o un lle i'r llall.

Yng Nghribyn byddai'n gweithio gyda theulu Mynach Villa, a byddai Wyndham, mab y lle yn siopa drosto. Roedd yn ofynnol cael pedwar papur Sul, yn arbennig, y *Sunday Pictorial*. Hwnnw oedd y papur gorau ar gyfer y pyllau pêl-droed. Rhaid oedd cael y Postal Orders i'w hanfon gyda Vernons, Littlewoods a'r Empire Pools. Wedi i Tom Brown eu llanw, byddai Wyndham yn cael y pleser o'u postio.

Cyn mynd 'nôl i Brynie, Dihewyd, byddai'n galw yn y Mynach Arms, Cribyn. Eistedd fyddai yng nghornel yr ystafell a thynnu wyau o'i sach, ac am bob peint o gwrw, byddai'n torri tri wy i'r peint a'u hyfed. Dro arall gwelwyd ef yn tynnu cosyn diogel o gaws o'i sach a'i fwyta gyda'r cwrw. Cadwai ei arian mewn tun syrup mawr a byddai hwnnw yn mynd gydag ef i bobman. Un tro, collwyd y tun, ond daethpwyd o hyd iddo yn siop ganol yr Old Shop. Yn dilyn hynny cafwyd perswâd ar Tom gan Daniel Brynie i roi ychydig o'i arian yn y banc. Yn ôl Daniel byddai'n cyfrif yr arian ar lawr y gegin fach, y pres papur mor ddu â'r glo. Pan fu Tom Brown farw roedd wedi gofalu bod digon o arian yn y tun i'w gladdu ac i roi carreg ar ei fedd ym Mynwent Gartheli, Llwyn-y-groes.

Byddai Fred Stamp yn cyrraedd Llechwedd Dderi yn Cribyn erbyn amser bwyd, wedyn yn aros i lanhau a charthu siediau yr anifeiliaid a mynd. Roedd Alfred Ball yn wahanol i weddill y crwydriaid yn yr ystyr nad oedd mor gymdogol ei ffordd. Gellid dweud ei fod yn amlach yn feddw nag yn sobor. Cerddai â chwdyn ar ei gefn a phastwn yn ei law. Byddai'n gorwedd â'i gefn yn erbyn y clawdd, ei goesau a'i draed yn ymestyn allan i'r heol. Byddai plant yn ei ofni ac yn rhedeg i guddio tan iddo fynd heibio. Wedi llanw ei fol â chwrw, byddai'n g'lychu ei drwser yn stecs. Ar ôl sobri, byddai'n galw gyda Benja a Hefin y gof ac yn mynd at y pentan yn yr efail ac yn aros o flaen y tân nes i'w drwser sychu. Wedyn byddai'n croesi'r ffordd i dafarn y Mynach Arms am ragor o gwrw. Rhaid oedd cael lle i gysgu a hynny yn y stabal rhwng dau geffyl ym Mynach Villa. Ble oedd e'n cael arian cwrw? Eithriad y gwelwyd ef yn gweithio.

Byw mewn sied bren yng nghae Jack Ffynnonoer oedd Tom Caffrey. Sais oedd ac roedd yn mynd o le i le yn yr ardal i weithio, yn helpu'r ffermwyr wrth y gwair, yn cadw'r cloddiau a'r lonydd yn lân yn yr haf. Wedyn 'digwyddodd, darfu, megis seren wib'. Ble'r aeth e? Ddaeth neb byth i wybod.

Cerddi Ysgol Llan-y-crwys

Yn 1934 CYHOEDDWYD llyfr gan Dan Jenkins, prifathro'r ysgol. Teitl y llyfr oedd *Cerddi Ysgol Llancrwys*, a oedd hefyd yn cynnwys hanes y plwyf. Rhan o flaenau gogledd sir Gaerfyrddin yw Llan-y-crwys. Mae'n ffinio â phlwyfi Pencarreg i'r gorllewin, Cellan i'r gogledd a Chaio i'r dwyrain a'r de. Plwyf bach yw, yn cynnwys rhyw 3,366 o gyfeiri.

Ystyr y gair Llan-y-crwys yw 'Llan-Dewi-Crwys', 'llan' yn golygu lle wedi ei gau, fel ydlan neu gorlan. Golygai 'y fynwent' neu 'y gorff-lan' yn wreiddiol, wedyn daeth i'w arfer fel 'eglwys', yr adeilad ar y llan. Ystyr 'Dewi' oedd 'yr eglwys wedi ei chyflwyno i Dewi Sant' a 'Crwys' oedd lluosog 'croes'.

Roedd Dan Jenkins yn ŵr o flaen ei amser. Byddai Dydd Gŵyl Dewi yn ddiwrnod gwyliau yn yr ysgol, a bu hynny'n wir drwy gydol ei gyfnod fel prifathro. Yn yr hwyr, cynhelid Cyngerdd Gŵyl Dewi gyda'r plant a phobl yr ardal yn canu caneuon wedi eu cyfansoddi gan feirdd enwog Cymru. Perthynas i Dan Jenkins oedd Joseph Jenkins, y Swagman, y gŵr a fu'n byw fel crwydryn, gyda'r cyfan a feddai ar ei gefn, yn Awstralia am 25 mlynedd. Yn un o'r cyngherddau Gŵyl

Ddewi yn Llan-y-crwys canwyd cân o waith y gweinidog Undodaidd, E Ceredig Jones, a fagwyd yn Nyffryn Aeron. Mae'r gerdd hon yn sôn am Bili Tom, un o grwydriaid Sir Aberteifi.

Bili Tom o Sir Aberteifi
Alaw: 'Mae Robin yn Swil'

Roedd Bili yn berson poblogaidd ei ddawn,
Mae Sir Aberteifi o'i hanes yn llawn;
Dan faich o ddiogi yn wyrgam yr âi,
A rhedeg, i achub ei fywyd, ni wnâi.
 Mae'n calon yn drom,
 Mae'n calon yn drom,
Wrth feddwl mai marw yw'r hen Fili Tom.

Ei wyneb oedd ieuanc er crymu ei war,
A'i gorff ydoedd luniaidd er llaesed ei ar;
Pan gawsai ei foddio, mor hardd oedd ei wên!
A chydyn *imperial* addurnai ei ên.

Ei ddillad o ffwstian oe'nt lymrig eu llun
A charpiog, yn ôl ei ddewisiad ei hun;
Fe gredai o'i galon fel doethion y dre,
Fod *full ventilation* yn beth yn ei le.

Roedd ganddo gyflawnder o wallt o liw cŵyr –
Pa bryd ca'dd ei gribo 'does Gristion a ŵyr;
'Run lliw oedd ei locsys sidanaidd, y rhai
Orchuddiai ei wyneb fel egin mis Mai.

Ei het fawr *bell topper* a wisgai efe
Yn ôl ar ei wegil fel ladis y dre';
Er fod ei gerddediad yn araf a llesg
Roedd Bili'n ei drwsiad yn dra *picturesque*.

Fe dreuliai'i nosweithiau'n nhowladydd y wlad
A'i lety a gawsai bob amser yn rhad:
Ar ôl eu forefwyd o sopen a llaeth
Âi nôl i'w orweddfa gan ddiolch yn ffraeth.

O dowlad i dowlad y crwydrai drwy'i oes,
Heb deimlo na blinder, na galar, na chroes:
Fel adar yr awyr, heb ofal, âi ef
Drwy'i fywyd, a'i bwys ar haelioni y Nef.

Fe ganai emynau'n ddi-daw ar ein cais
Ac anodd i'r byddar anghofio ei lais;
Oernadai fel rhywun yn wallgof gan boen
Neu ddafad yn Chwefror yn galw ei hoen.

I'r oll o'i emynau fe ganai'r un dôn,
A honno o ddiwyg *completely his own* –
Rhyw fath o 'Eifionydd', os gwelwch yn dda,
A'r oll o'i linellau'n diweddu yn *Lah*.

Am flwyddyn neu ragor i'r gogledd yr aeth
A dwedid ei fod yn ei feddrod yn gaeth:
Gofynnodd, pan glywodd y newydd ei hun –
'A raid imi gredu 'rhyn ddywed pob dyn?'

Daeth 'nôl i'r gymdogaeth i weled ai gwir
Y stori amdano a basiodd drwy'r sir;
Pan welodd dowladydd Cilwgan a'u gwair,
Dywedodd, 'Hen gelwydd yw'r stori bob gair.'

Fel plentyn diniwed aeth Bili drwy'r byd
A'i ogwydd ar lonni ein hysbryd o hyd;
Lle gorffwys ei ludw ym mynwent y Llan,
Rhown bwysi o flodau i harddu y fan.

E Ceredig Jones

Yr Annwyl
Bili Bwtsiwr Bach

MAB I GIGYDD oedd Bili a dyna sut y rhoddwyd iddo'r enw, Bili Bwtsiwr Bach. Yn gymeriad lliwgar, crwydro'r plwyf yn Llandysul fyddai ef gan amlaf, yn cynnig helpu hwn ac arall. Roedd yn byw ar drugaredd pobl eraill ac yn bart o'r celfi yn y pentref, yn cysgu yn yr haf o dan lwyn rhododendron yn Nôl Llan, ac yna mewn rhyw sied neu storws yn y gaeaf.

Corff bach oedd Bili, rhyw *four foot nothing* o daldra. Gwisgai ei gap gyda'i big tua nôl, macyn coch am ei wddf, crys gwlanen a thrwser gydag un goes yn uwch na'r llall.

Anfonwyd ef un diwrnod gan Lewis y Cigydd i weithio gyda'r cynhaeaf ar fferm Faerdre Fach. Pan gyrhaeddodd, ni ddywedodd lai nad dod ohono'i hun a wnaeth. Gweithiodd hyd amser swper a chafodd bum swllt gan y ffermwr am hynny. Galwodd ar ei ffordd yn nhŷ'r cigydd. Dim ond ei wraig, Mrs Lewis, oedd adref a rhoddodd bum swllt iddo am ei waith ar y fferm. Aeth Bili oddi yno yn llawen a hapus am y dafarn. Ar y ffordd cyfarfu â'r cigydd ei hun a rhoddodd yntau bum swllt arall i Bili. Wrth dderbyn yr arian meddai Bili, 'Mae'n werth gweithio i chi.'

Mwy aml na pheidio, pe gwelid Bili ar y stryd byddai'n feddw gaib. Mae yna stori am Mr Rhydderch, y pregethwr, yn cyfarfod ag ef yn y stad honno ac yn dweud wrtho, 'Bili, ei di

Y cymeriad lliwgar,
Bili Bwtsiwr Bach.

byth i'r Nefoedd fel hyn.' Meddai Bili wrtho, 'Dwi ddim am fynd i'r Nefoedd achos fydd neb o Llandysul yno!'

Un Nadolig rhoddwyd twrci iddo yn rhodd gan Lewis y Cigydd. Ymhen chwech wythnos – a Dolig wedi hen fynd – roedd Bili 'nôl yn y siop yn gofyn am halen i gadw'r twrci yn ffres. Wedi ei goginio, byddai Bili yn cerfio ffowlyn gyda chryman.

Mae Valmai Griffiths yn byw yng Nghaerdydd bellach, ond yn wreiddiol o Landysul, ac roedd yn adnabod Bili'n dda. Un bore Gwener, cyfarfu ag e yn codi ei bensiwn yn y pentref ac meddai wrthi, 'Dyna drueni na fyddai dau ddydd Gwener yn yr wythnos.' 'Wel, pam hynny?' gofynnodd Valmai. Atebodd yntau, 'Fe allwn godi dau bensiwn wedyn.'

Roedd *regatta* Cei Newydd yn ddiwrnod pwysig iawn i Bili. Roedd yntau fel pysgodyn yn y dŵr ac yn ennill pob cystadleuaeth nofio y gallai gystadlu ynddyn nhw. Credir iddo achub o leiaf ddeuddyn rhag boddi ar ôl iddyn nhw lithro i'r afon tra oedden nhw'n pysgota. Ym mhen draw'r pier yn y

85

Cei y cynhelid y gystadleuaeth 'Dringo'r Polyn Llithrig'. Polyn uchel iawn oedd hwn wedi'i orchuddio gan sâm. Bili fyddai'r unig un a allai gyrraedd y top a byddai'n ennill arian da am wneud hynny.

Fe gofir ei orchestion lu
Fel nofiwr yn y dyddiau fu.
Fe heriodd lawer grymus ŵr –
Roedd Bili'n arwr yn y dŵr.

Annie Evans, Dolgrogws

Dim ond un llun sydd i'w gael o Bili a'r un a welir ar y dudalen flaenorol yw hwnnw. Bu Gwilym Lewis yn ceisio'n daer ar Bili i aros i dynnu ei lun un tro. Ond ateb Bili oedd, 'Mae'n rhaid cael dillad gore cyn tynnu llun.' Wrth gwrs, yr un dillad a wisgai Bili drwy'r flwyddyn, y trwser wedi ei roi iddo gan rywun oedd yn fwy o faint nag e. Byddai Bili wedyn yn rhoi'r trwser ar y blocyn yn Wilkes Head ac yn torri'r coesau gyda bilwg, gyda'r canlyniad bod un goes yn llai na'r llall.

Yn y diwedd cafodd niwmonia a bu raid ei symud o feudy'r bwtsiwr, lle cysgai yn aml, i'r ysbyty. Parhaodd ei hiwmor hyd y funud olaf.

Eglwyswyr selog oedd teulu Bili gydag un ohonynt yn offeiriad ac un arall, yn ôl yr hanes, yn gaplan i Siôr y Pumed. Bu farw Bili tua 1959/60, er na wyddai fawr neb faint oedd ei oedran. Cafodd angladd parchus yn eglwys y plwyf, Llandysul, a'i gladdu yno.

Ei gyfoeth oedd prydferthwch
Y coed a'r blodau'n llu,
A'i larwm yn y bore
Oedd cân y deryn du.

Y Prifardd Dewi Emrys

Y N Majorca House, Ceinewydd, Ceredigion y ganwyd David Edward James yn 1881. Yn ddiweddarach y mabwysiadwyd yr enw Emrys. Pan oedd yn saith oed symudodd ei rieni, y Parch Thomas Emrys James a'i briod, Mary Ellen, i Rosycaerau. Mae'n cyfeirio at Jac y ci ac yntau fel 'cyfoedion diofid'.

Dechreuodd Dewi Emrys farddoni pan oedd yn blentyn gan ennill gwobrau am ei waith. Ond aelwyd y salwch cudd oedd y Mans gyda'r Parch Thomas Emrys James yn dioddef o salwch meddwl a Mary Ellen, ei briod, yn cuddio'r salwch rhag Dewi. Wedi iddo ysgolia yn Ysgol yr Henner, Pen-caer, Ysgol Ramadeg Jenkins, Abergwaun ac Ysgol Ganolradd Abergwaun, prentisiwyd ef yn gysodydd ac yn newyddiadurwr yn Swyddfa'r *County Echo* yn y dref. Yn 1896, symudodd y teulu i Gaerfyrddin. Yn yr ysbyty yno y cafodd ei dad driniaeth i'w salwch. Llwyddodd Dewi i gael swydd gyda'r *Carmarthen Journal*, ac roedd ei gyflog yn help mawr i gynnal y teulu.

Yn 1903 aeth Dewi i Goleg Presbyteraidd Caerfyrddin. Dyma gyfnod y datblygu a daeth yn ffefryn anghyffredin gan bawb. Roedd ganddo ddiddordebau eang – darllen, barddoni, newyddiadura, adrodd ac areithio. Tyrrai pobl i'w glywed yn pregethu. Roedd y capeli mawr yn ysu am gael y gŵr athrylithgar hwn yn weinidog arnynt. Derbyniodd alwad i Eglwys Rydd y Cymry yn Lerpwl. Yn 1908 priododd â Cissie

Jenkins o Heol Dŵr, Caerfyrddin. Dilynodd y Parchedig a'r Archdderwydd Elfed Lewis wedyn i Fwcle, Sir Fflint. Yno y ganwyd eu dau fab, Alun a Gwyn. Tra roedd ym Mwcle gosodwyd ffôn yn y pwlpud fel y gallai glowyr wrando ar ei bregethau mawr o dan y ddaear.

Yn ôl Emyr Llewelyn roedd Dewi yn anobeithiol gydag arian. Hefyd roedd y Rhyfel Mawr yn gwasgu arno a'i gyfrifoldebau fel penteulu yn mynd yn drech nag e. Yn ei benbleth fe ymunodd â'r fyddin ac ymhen amser daeth oddi yno â mwy o broblemau. Ni ddychwelodd wedyn i'r weinidogaeth. Roedd y natur ddynol wedi troi cefn arno a dechreuodd gael ei wrthod gan gymdeithas oherwydd ei ffordd o fyw. Ond diolch i'r drefn roedd yna rai yn ei anwylo a'i garu ac yn deyrngar iddo.

Bu colli ei dad yn 1925 yn ergyd ysgytwol, ond fe ddaeth y flwyddyn â llawenydd hefyd. Dewi Emrys oedd Bardd Coronog Eisteddfod Genedlaethol Abertawe. Fe gipiodd y gadair bedair gwaith – y tro cyntaf yn 1929 yn Eisteddfod Genedlaethol Lerpwl.

Yn Eisteddfod Llanelli, 1930, awdl 'Hiraethus' oedd yn fuddugol ond pan alwyd arno i sefyll, ni wnaeth neb ateb. Dewi Emrys oedd 'Hiraethus' ond roedd yn sefyll y tu allan i'r Pafiliwn. Y gred oedd nad oedd wedi derbyn y llythyr yn ei hysbysu o'i gamp. Dywed Wil Ifan: 'Nid wyf yn cofio erioed o'r blaen glywed galw am Fardd y Gadair ac yntau tu allan i'r babell.' Aeth Ben Davies a Gwili i'w gyfarch i'r llwyfan. Aed ymlaen â'r ddefod o gadeirio'r bardd. Canwyd cân y cadeirio gan Mr David Brazell ac fe wnaeth Crwys ei gyfarch.

Pennawd y *Western Mail* oedd: 'Dewi Emrys chaired, memorable spectacle at Llanelly, Crwys in form. Happy tilt at the "Sospan Fach".'

Dyma gyfarchiad Crwys i'r bardd buddugol:

Braf yw bod yma heddiw,
Aelwyd y gân yn llawn,
Emrys mewn dillad newydd
A'r gwynt o'r cyfeiriad iawn.
Telyn fy ngwlad yn ei hwyliau
A'i moliant fel ffynnon dardd,
A'r orsedd fel llwyn o helyg
Yn plygu gerbron y bardd.
Bys Meri Ann wedi gwella
A Dafydd y gwas yn iach
Y gath wedi newid ei meddwl
Ac yn ffrindiau â Johnnie bach.

Troi 'nôl i fyw fel crwydryn wnaeth Dewi a chysgu ar
strydoedd Llundain. Mae'n mynegi y profiad hwnnw mewn
cerdd o'i eiddo:

Dadwrdd traed ar balmant llydan,
Twrf olwynion ar y stryd,
Minnau heb na ffrind na chymar
Yno'n crwydro'n fyddar, fyddar
Drwy y berw i gyd.
Rhai yn chwerthin, rhai yn canu,
Cochliw'r clared ar eu min.
Minnau'n methu dirnad ennyd
Pam na fedrwn foddi 'nhristyd
Lle roedd cymaint gwin.

Pam na fedrwn innau ganu?
Pam na fedrwn lawenhau?
Dysgais yno yn fy nghynni
Na fu torf erioed yn gwmni
Pan wahaner dau.

Cadeirio Dewi Emrys, bardd 'Y Galilead' yn Eisteddfod Genedlaethol Llanelli, 1930.

Y Prifardd Dewi Emrys yn byw a chysgu ar strydoedd Llundain.

Mae'n sôn amdano'i hun yn cysgu'r nos gyda'r digartref ar yr Embankment ac yn y crypt yn St Martin-in-the-Fields ar y fainc yno. Cofir amdano yn canu a'i gap wrth ei draed ar y stryd tu allan i Gapel King's Cross. Mae Dewi yn disgrifio'r sefyllfaoedd y bu ynddynt: 'Safaf y tu allan i bob capel Cymraeg yn Llundain i gynnig fy marddoniaeth i'r masnachwyr brasderog sy'n mynd yno i addoli Duw. Ânt o'r tu arall heibio gan anwesu eu llyfrau emynau a mynd i mewn yn barchus i addoli Duw eu hunanoldeb.'

Gwelodd Dewi Emrys fwy o ysbryd crefyddol ymysg pobl yr Embankment nag ym mhobl y capeli. Yn yr englyn hyn o'i waith mae'n dwrdio'r rheiny sydd mor hoff o ymfalchïo yn eu parchusrwydd:

Hawdd i wlad yw beirniadu – ar wen gaer
    Hen gwch a fo'n malu;
  Aed ei feirniad i'w farnu
  Draw i fôr y brwydro a fu.

Yn 1929 daeth Dilys Cadwaladr i'w fywyd. Roedd wedi cyhoeddi'r gyfrol *Rhymes of the Road* y flwyddyn flaenorol ac enillodd gadair Eisteddfod Genedlaethol Lerpwl hefyd yn 1929. Enillodd ar awdl 'Y Galilead' a chipio'r gadair yn Eisteddfod Genedlaethol Llanelli. Ystyrir hon fel un o'i gerddi mwyaf gwych. Yn 1930 ganwyd Dwynwen. Bu gyda'i rhieni maeth tan yn chwech oed. Trwy orfodaeth wedyn cafodd ei chymryd i sefyllfa anfoddhaol. Aeth i fyw at ei thad mewn fflat yn Lambeth. Byw mewn tlodi llwyr oedd y ddau. Wedi colli'r fflat a'i eiddo yn y blitz yn Llundain, yn 1941, cafwyd cysgod a nodded dros dro yn Nhalgarreg, Ceredigion, ar aelwyd Mr a Mrs Tom Stephens, y Samariaid Trugarog, ac yna symudodd i'r Bwthyn yn y pentref. Sicrhaodd Tom Stephens fod dodrefn

Y Bwthyn, Talgarreg.
(Llun: Ron Davies, Aberaeron)

a bwyd yn y tŷ a glo ar y tân a byddai Mrs Stephens yn gofalu am ddillad i Dwynwen.

Dyma ddechrau cyfnod newydd yn ei hanes pan gafodd deimlo consýrn, gofal a chariad y gymdeithas wledig. Yn ei eiriau ei hun dywed, 'deuthum yn ôl o'r anialwch i wynfyd gwasanaeth ac i serch fy nghenedl.'

Crwydryn arall o'r enw Jim Webber, yn enedigol o Leigh ym Manceinion oedd yn trin yr ardd i Dewi Emrys. Bu'n crwydro'r ardaloedd am flynyddoedd a chafodd ystafell ar rent yn yr hen ffatri wlân yn Nhalgarreg. Galwodd yr ystafell yn 'Rutland' gan ei chymharu â'r sir leiaf yn Lloegr. Roedd Jim a Dewi yn yr ardd un diwrnod ac roedd Jim yn babwr chwys. Meddai Dewi Emrys wrtho, 'Wyddoch chi, James, bod yr haul naw deg miliwn o filltiroedd uwch ein pennau?' Atebodd Jim yn ei syndod, 'A mae'n dod lawr yr holl ffordd i ardd Dewi Emrys.'

Eisteddfod olaf Dewi Emrys oedd Aberystwyth yn 1952. Trefnwyd tysteb iddo a thynnwyd peth arian ohoni i brynu dillad ac esgidiau newydd iddo ac i roi ychydig o arian yn ei boced er mwyn iddo allu mwynhau'r Eisteddfod. Yn ôl T Llew Jones, 'Fe gafodd Dewi Emrys, a fu'n gymaint eilun gan y tyrfaoedd, ei anwybyddu gan bawb bron yn yr Eisteddfod honno.'

Mewn llai na deufis roedd Dewi 'nôl yn Ysbyty Aberystwyth ac yno y bu farw dan driniaeth lawfeddygol.

Anwydog grwydryn ydoedd – a'i wên fwyn
    Yn falm i laweroedd.
   Yn ei gwymp, bonheddig oedd,
  Was anafus y nefoedd.

Aed o'i drallod, a'i dlodi – i yfed
    Nefoedd plant trueni;
  Distawaf, ni farnaf i,
  Duw a ŵyr ei bryderi.

Yn Eisteddfod Bae Colwyn enillodd ar yr Englyn am 'Y Gorwel':

Wele rith fel ymyl rhod – o'n cwmpas,
    Campwaith dewin hynod;
  Hen linell bell nad yw'n bod,
  Hen derfyn nad yw'n darfod.

'Byw fydd cwpled olaf yr englyn tra bydd byw'r iaith,' medd y Prifardd Jâms Niclas yn y bennod 'Mesur a Phwyso Dewi Emrys' yn y llyfr gan Eluned Phillips. Mae'r gwpled yn enghraifft deg o'i ddawn ar ei gorau.

Byw hefyd y bydd Dewi Emrys a'i gyfraniad amhrisiadwy i lenyddiaeth Cymru. Crisialodd ei fywyd yn ei gwpled beddargraff:

Melys hedd wedi aml siom,
Distawrwydd wedi storom.

Mae Isfoel yn crynhoi bywyd Dewi Emrys mewn pedwar englyn:

O'r 'Babell' ar wib heibio – tua'r Llan
    Aeth meistr llên ac athro;
  Os cau Emrys y 'Cymro',
  Athen aeth o'i 'Fwthyn' o.

Ei hobi oedd y Babell – creodd feirdd,
    Carodd fîr a phibell;
  Ond aeth y bardd ar daith bell
  Tua'r Llan hwnt i'r 'llinell'.

Taer noddwr llên, teyrn addysg – ac ablaf
    I'w ddisgyblion cymysg;
  Dewi'n pôr, dewin y pysg,
  A'i yrfa'n oes o derfysg.

Teyrn ydoedd, fel tornado – y gyrrodd
    Dros y gorwel heibio;
  Llithrodd y byrbwyll athro
  O'i swil rawd i'w isel ro.

Mae'r wybodaeth wedi ei chodi oddi wrth Emyr Llewelyn, T Llew Jones, D Jacob Davies, Lyn Ebenezer, Eluned Phillips ac o fannau eraill.

Tramp? Pwy oedd e?

ROEDD EDGAR PHILLIPS (Trefin) yn ddyn a chanddo nifer o ddoniau. Ond mae'n bosib iddo gael ei fwrw heibio gan rai a ddylai wybod yn well a hynny yn fuan iawn cyn ei foment fawr, yn ôl un stori.

Roedd yn un a fu'n deiliwr, yn fardd ac yn Archdderwydd Cymru o 1960 i 1962. Mae'r *Bywgraffiadur Cymreig* yn dweud iddo gael ei eni ar Hydref 8, 1889, yn Rose Cottage, Trefin, Penfro, yn unig blentyn i William Bateman a Martha Phillips. Morwr oedd ei dad, ond wedi ymddeol o'r môr, bu'n bobydd ym Mhorth-cawl. Collodd Trefin ei fam yn 1898 a hithau wedi treulio pum mlynedd yn Ysbyty Dewi Sant, Caerfyrddin.

Mabwysiadwyd ef gan chwaer ei dad, Mari, gwraig John Martin, gwneuthurwr hwyliau a hen forwr. Saesneg oedd iaith y cartref a'r ysgol, ond diolch i'r Ysgol Sul fe gedwid ei Gymreictod. Roedd yn ddiolchgar hefyd i Syr John Rowland, yr athro Cymraeg, am ei ddiddordeb ynddo ac i Owen Morgan Edwards a gyfarfu ar y trên ar daith i Sir Benfro ac a fu'n gyfrwng i atgyfnerthu ei Gymreictod.

Yn bedair ar ddeg oed dychwelodd i Drefin yn aprentis teilwr i'w ewythr J W Evans. Roedd y gweithdy yn fagwrfa i feirdd ac yn ysgol y cynganeddion. Bu'n teilwra yn Nhreletert, Hendy-gwyn ar Daf, Caerdydd a Llundain gan ddychwelyd fel prif deilwr i un o siopau'r ddinas yng Nghaerdydd. Yn 1915 ymunodd â'r fyddin a chlwyfwyd ef yn dost yn Ffrainc.

Yn 1921 aeth i Goleg Caerllion a chael tystysgrif athro gyda chlod. Bu'n athro Cymraeg yn Ysgol Pengam ac yna ym Mhontnllan-fraith nes iddo ymddeol yn 1954. Bu'n cystadlu'n gyson yn yr eisteddfodau ac ennill 33 o gadeiriau a choron. Enillodd Gadair yr Eisteddfod Genedlaethol yn Wrecsam 1933 am awdl ar y testun 'Harlech'. Bu'n Geidwad y Cledd yng Ngorsedd y Beirdd o 1947 tan 1960 ac fe'i gwnaed yn Archdderwydd wedyn. Bu farw ar Awst 30, 1962.

Yn dilyn ei farwolaeth talwyd teyrnged iddo gan Westgate yn y *Western Mail*. Yn ddiweddarach ymddangosodd hanesyn diddorol iawn am Trefin yn ennill cadair yn Eisteddfod Môn yn Llanfair Pwll yn 1925. Pan gododd ar ei draed cafodd ei adnabod gan lawer un yn y gynulleidfa fel yr un brwnt a blinedig mewn hen ddillad pysgota a fu'n curo ar ddrysau cartrefi o Fangor i Lanfair Pwll y bore hwnnw, yn gofyn am fwyd ac am gael ymolchi. Gwrthodwyd ef gan bawb ar wahân i un lle, am y credent mai tramp neu grwydryn oedd!

Ni ddylid barnu llyfr wrth ei glawr, ac ni ddylid mesur doniau na chalon y dyn na'r ddynes wrth ei olwg. Roedd hynny'n wir am y teiliwr mewn dillad 'tramp' a gipiodd y gadair, ac mae'n wir hefyd am rai o grwydriaid Cymru. Fel y mae'n digwydd roedd yr hanesyn hwnnw gan Westgate yn fy llyfr lloffion, a dyma fe:

WALES AND THE WORLD

The tramp who turned up to win the chair: Welsh artist's London show

FOLLOWING my tribute to the late Trefin (Mr. Edgar Phillips), Archdruid of Wales, an Anglesey reader recounts this human little story about his winning of the chair at the Anglesey Chair Eisteddfod at Llanfairpwll in 1925.

The day before the chairing ceremony a telegram arrived at Trefin's home bearing the good news. Trefin, unfortunately, was out fishing and a frantic search by relatives and friends proved fruitless.

When at last he did turn up with the day's catch it was getting late and with no time to change into a decent suit he made a hurried dash for the train leaving Cardiff that night for Bangor, still dressed in his fishing tweeds.

Arriving at Bangor in the early hours of the morning, he stayed at the station until day-break before deciding to walk the four miles to Llanfairpwll.

Dirty and hungry after his long journey, he knocked at every door where he could see smoke coming from the chimney asking for breakfast and a wash and shave.

But nobody would have him. "They thought I was a tramp," he said.

Eventually he knocked on the door of No. 1, Snowdon View, Llanfairpwll. Mrs. Mary Hughes, who still lives there, answered the door and took pity on the tramp.

She called her husband, who was still in his bed, and told him, "There is a rather queer man in the parlour. He wants breakfast and a wash and shave. What shall I do?"

"Give him what he wants, of course," answered Mr. Hughes.

In the course of the conversation which followed the two men discovered that they had a lot in common. Both were accomplished ladies' tailors.

So it was a clean and tidy Trefin who was able to enter the eisteddfod marquee in the afternoon for the traditional chairing ceremony. Witnesses claim that as he stood up there was an audible gasp from several people in the audience who recognised "the tramp" who had called at their door earlier in the day.

Teyrnged Westgate
i Edgar Phillips yn y
Western Mail.

Y Sipsiwn

Ddwy waith y flwyddyn, ym misoedd Ebrill a Hydref, byddai yna garnifal lliwgar yn mynd trwy bentref Cwmsychbant. Y Sipsiwn oedd y rhain ar eu ffordd i Banc y Bwlch ger Penffordd ym Mhlwyf Llanwenog. Yn arwain y prosesiwn roedd carafannau amryliw yn cael eu tynnu gan ferlod *piebald* a *skewbald*, gyda rhyw dri chart yn eu dilyn, bwcedi yn hongian oddi tanynt a'r plant yn eistedd yn y cart.

Byddai rhai merlod yn cerdded yn rhydd rhwng y carafannau a'r ceirt ac yn pori'r cloddiau ar y ffordd. Yn cloi'r prosesiwn byddai'r geifr a'r milgwn. Yn dilyn ar droed byddai'r gwragedd â'u basgedi yn llawn pegs a mân flodau papur i'w gwerthu o ddrws i ddrws, ble y bydden nhw hefyd yn cynnig arddangos eu doniau dweud ffortiwn. Yn ôl pob tebyg roedd y Sipsiwn yn seicig ac yn gallu darllen meddyliau pobl ac anifeiliaid dim ond trwy edrych i'w llygaid. Roeddent cystal ag unrhyw filfeddyg am adnabod salwch anifail ac am wybod y ffordd orau i'w wella. Pan ddeuent yn eu tro i Fanc y Bwlch, byddai'r ffermwyr lleol yn manteisio ar y cyfle i ymweld â nhw petai yna anifail yn sâl ar y fferm. Byddai'r cyngor yn cael ei roi am ddim, ac felly'r eli, ond ni ddatgelwyd beth oedd ei gynhwysion.

Byddai'r Sipsiwn yma'n dod i Fanc y Bwlch adeg ffeiriau

a marchnadoedd enwog Llanybydder. Byddent yn gwerthu rhai o'u ceffylau yno ac yn prynu rhai newydd hefyd. Hanner milltir o Fanc y Bwlch, roedd Dafydd Jenkins y gof yn byw ac yn gweithio. O fore bach tan hwyr y nos, byddai Dafi, fel y'i gelwid yn lleol, yn brysur yn paratoi'r ceffylau ar gyfer y marchnadoedd a'r ffeiriau. Bu farw un o'r gwragedd yn ystod ymweliad â Phant y Bwlch un tro, ac mae'n rhaid mai hi oedd brenhines y teulu. Hi oedd yn gyfrifol am reoli a chynnal y teulu yn ariannol. O dan yr amgylchiad hyn roedd hi'n arferiad i losgi y garafán. Mae Jean Evans, Llwynygog, Gorsgoch (gynt Penffordd, yr olaf o blant Dafi y gof a Gwenllian ei wraig) yn cofio'r digwyddiad yn dda.

Mae'r bardd Isfoel, mewn beddargraff i'r Sipsi, yn canu fel a ganlyn:

Deyrn y rhos, drwy wenau'r wawr – y rhodiaist
    O'th baradwys fygsawr;
  Gwae'r mul o'th roi'n y dulawr,
  A heb gwmni'r milgi mawr.

Mae'r cyfeiriadau cynharaf at y Sipsiwn yn tarddu o'r unfed ganrif ar bymtheg ac yn adrodd eu bod yn hanu o deuluoedd crwydrol ac yn arbenigo mewn dweud ffortiwn. Roeddent yn hynod o ofergoelus ac yn byw yn glos at natur. Os byddai ceiliog yn canu yn y nos, arwydd o dristwch oedd hynny iddyn nhw. Byddai gweld pioden yn cael ei ystyred yn anlwcus. Byddai breuddwydio am geffylau yn arwydd bod newyddion ar y ffordd. Credent fod mêl yn gwella briwiau a hylif wedi ei wneud o flodau Bysedd y Cŵn wedi eu malu yn dda i drin ecsima. Roedd ganddynt ddywediadau cofiadwy megis, 'Bydd y gaeaf yn gofyn beth a wnaethom yn yr haf' ac 'Y mae'r diafol yn ddyn tlawd achos nid oes ganddo enaid.'

Arferid credu fod gan y gwragedd a'r dynion ddwylo da. Byddai'r merched yn arbenigo mewn gwneud basgedi o wiail, blodau papur a phegs o bren yr helygen, y gollen a'r ysgawen. Byddai'r bechgyn yn arbenigo mewn gwaith haearn ac mewn prynu a gwerthu ceffylau. Pobl ddiddorol iawn oedd y Sipsiwn. Mae Eldra Jarman, sy'n ddisgynnydd o deulu Abram Wood, yn disgrifio'r gwir Sipsi fel a ganlyn, 'Du eu gwallt a thywyll o groen. Treiddgar eu llygaid a chwim o feddwl. Lliwgar eu gwisg ac ystwyth o gorff. Dedwydd am ddyddiau ond trist ar adegau. Teulu amryddawn, ffidleriaid, dawnswyr, telynorion a chwedleuwyr.'

Pan ddaeth y Sipsiwn gyntaf i Loegr rhoddwyd iddynt yr enw 'Egyptians' oherwydd y gred mai o'r Aifft y daethant yn wreiddiol. O hynny, daeth yr enw *Gypsies*, ac yn Gymraeg, y Sipsiwn. Gelwid hwy wrth wahanol enwau o wlad i wlad: Paganiaid yn yr Iseldiroedd, Bohemiaid yn Ffrainc, Dartiaid neu Saraceniaid yn yr Almaen, y Swistir a Groeg. Mae rhai yn cyfeirio atynt fel Romani yng Nghymru ond derbynnir yn gyffredinol bod Romani wedi peidio â bod fel iaith fyw erbyn hyn. Un rheol oedd yn bwysig i'r Sipsiwn oedd bod yn rhaid dweud y gwir bob amser wrth ei gilydd.

Mae gan Evan Jones hanesyn diddorol am y Sipsiwn yn ei lyfr, *Ar Ymylon Cors Caron*. Daethant fel sgwaters i Gwm Tynswydd, ger Tynreithyn, Tregaron. Mae'n lle cysgodol heulog ac roedd dŵr y nant gerllaw at eu gwasanaeth. Byddent yn poeni'r cymdogion yn gyson, wrth ddrws fferm Tynswydd, yn begian am laeth i'r babi. A chyda'r nos yn yr haf byddai'r gwŷr yn achub ar y cyfle i droi eu ceffylau i mewn i gae lle roedd porfa fras. Ar ôl digoni'r ceffylau – a digoni'r dynion, wedi iddyn nhw gael helfa dda o gwningod ac ambell sgyfarnog, aent yn ôl i'r cwm yn llawen. Yn ogystal â gwerthu ffrwyth eu basgedi, byddai rhai o'r gwragedd yn honni ei bod yn bosibl iddyn nhw ragweld y dyfodol trwy astudio'r grownds mewn cwpan te. Fe fyddai'r teulu'n cael hwyl wrth wrando ar yr addewidion a'r Sipsi yn cael cildwrn yn y fargen.

Penderfynodd teuluoedd Tynswydd a Tynberth i gau'r cwm a thrwy hynny i gau'r Sipsiwn allan trwy blannu pyst cryf yn y ddaear a hongian weier gref o bost i bost. Wedi cwpla'r ffens dyma Daniel Jones, Tynberth, yn dweud wrth ei gyfaill, 'Nawr fe gawn ni wared ar y giwed yma.'

Ond, yn ôl y gerdd anhysbys hon:

Yn llechwraidd yn y nos
Daeth y sipsi;
Torri wnaeth yn drabiau mân
Ffensen deidi.

Aeth y ddau deulu ati i ailosod y ffens, ond methiant fu'r ymdrech fel mae'r pennill nesaf yn egluro:

Wedi blwyddi o gweryla
Am y tir,
Mae cwm yn eiddo'r sipsi.
Ydi wir.

Yn y llyfr *Teulu'r Gymwynas Olaf* mae Gwilym Price, yr Ymgymerwr Angladdau o Lanbed, yn cofio hen wraig o Sipsi â gwerth ffortiwn o aur am ei bysedd, o gwmpas ei garddyrnau a'i gwddf ac yn ei chlustiau.

Hi oedd y penteulu a'r arfer fyddai i osod y rhain yn yr arch gyda hi. Hefyd ar waelod y dref yn Llanbed, mae'n cofio cael ei ofyn i roi matsien i losgi carafán y Sipsi. Claddwyd yr hen wraig ynghynt ym mynwent y dref. I Gwilym roedd llosgi'r garafán fel darllen nofel adnabyddus T Llew Jones, *Tân ar y Comin*. Dyma ddywed W J Phillips yn ei lyfr *Cymysgedd* wrth ganu yn ei englyn i'r Sipsi:

> Mynych yw'r straeon miniog – a daenir
>   Amdano'n gelwyddog;
>   Ei ddiawlio'n rhydd a'i alw'n rog
>   A'i wadu fel cymydog.

Yr Hynod
John Waunfawr

JOHN JAMES NEU John Waunfawr oedd un o gymeriadau hynotaf plwyf Llangeler. Ganwyd ef yn 1871 yn ffermdy bychan Waunfawr ar y gweundir ar Rhos Llangeler. Yno y magwyd John a dyna lle bu'n gweithio'n galed. Codwyd ef i fynychu'r capel yn ffyddlon a medrai adrodd darnau hir o'r Beibl ar ei gof.

Hen ffasiwn iawn oedd ei rieni ond yn gwbwl hapus eu byd. Llosgent fawn yn hytrach na glo, ac roedd eu gwisg yn destun siarad yn y fro. Un noson stormus chwalwyd y cartref i'r llawr. Adeiladodd John gaban newydd mewn cae cyfagos. Gwerthodd y ceffylau, y gwartheg ac offer y fferm gan gadw ychydig o ddefaid ac ieir yn unig.

Aeth John i fyw yn ôl yn Oes yr Haearn. Ymddiddorai mewn chwedloniaeth arwyr fel Gog a Magog, Gomer a Madog a'r cyfnod pan oedd Brutus a'i ddilynwyr yn gadael Caerdoea i wladychu Prydain.

Erbyn hyn gwisgai John gilt yn lle trwser a chariai fwa a saeth. Byddai pobl yn dod o bell i gael golwg ar y cymeriad rhyfedd, 'John Waunfawr'. Ei ffrindiau oedd adar ac anifeiliaid y Rhos.

Cododd yr awydd i grwydro yn John ac fe brynodd dreisicl.

Llun o John Waunfawr yn ei ddillad parch.

Waunfawr, cartref John.

John yn gwisgo ei gilt enwog.

John a'i dreisicl.

Teithiai yn gyson a throdd y meudwy yn grwydryn. Yn ôl traddodiad roedd yn seiclo i Langrannog unwaith bob blwyddyn ac yno fe fyddai'n golchi ei draed. Yn rhyfedd ni welwyd John yn gwisgo sane erioed.

Crwydrai yn ystod y dydd a throi 'nôl tua Waunfawr gyda'r nos i gysgu gyda'i ffrindiau, y llygod. Yn ystod gaeaf 1946, sylweddolwyd nad oedd neb wedi ei weld ers wythnos ac aeth ei gymydog i chwilio amdano. Fe ddaeth o hyd iddo yn farw ar y gwely gwellt yn ei gaban gyda llygod wedi cnoi fewn i'w gnawd. Claddwyd John gyda'i deulu ym mynwent Eglwys Celer.

Martin Ketzl

UST, MAE YNA sŵn traed rhywun yn dod eto! Yn llwythog a blinderog, wedi teithio milltiroedd, 'wedwn i. Pwy yw e tybed? O ble mae e'n dod? Beth yw ei enw? Beth wnaeth iddo fynd yn grwydryn?

Ym mis Hydref 2016, a minnau wrthi'n paratoi i lansio'r llyfr *Ar Grwydir*, daeth galwad ffôn oddi wrth Dafydd Jones, Ffosyffin, Cellan yn gofyn imi alw cyn gynted â phosib er mwyn cyfarfod â Martin Ketzl o'r Weriniaeth Tsiec. Rhaid oedd mynd ar unwaith.

Un tawel a chydwybodol ei bersonoliaeth oedd Ketzl, dyn oedd wedi penderfynu cymryd yr heol a chrwydro. Gŵr yn ei bedwardegau cynnar oedd, fyddwn i'n tybio. Bu'n sôn wrth Dafydd am ei gefndir teuluol. Dywedodd fod ei frawd wedi cymryd ei fywyd ei hun. Roedd yntau'n methu digymod â'r sefyllfa yma na byw yn y cartref heb ei frawd yno. Felly, penderfynodd fynd yn grwydryn.

Y diwrnod cynt roedd wedi hwylio o Rosslare i Abergwaun a theithio ar ei feic nes cyrraedd Llanbed. Yna roedd wedi darganfod fferm Ffosyffin a gofyn am gael cysgu'r nos yn un o'r siediau. Treuliodd y noson yn sied y lloi.

Roedd ganddo feic arbennig, kickbike oedd yr enw arno, beic heb bedalau nac injan. Gyda llwyth o fagiau wedi eu clymu wrtho, roedd yn waith beichus iawn i wthio'r beic i fyny'r llethr lleiaf. Llawenydd oedd gweld rhiw yn mynd i lawr ac yna byddai yntau'n eistedd ar y beic a'i lywio. Bore wedyn, ar ôl cael brecwast yn Ffosyffin a brechdanau ar gyfer y daith, aeth ymlaen am Rhaeadr ac aros y noson honno yn yr hen gapel ger Llanidloes ym Mhowys.

Tra oedd yn Iwerddon treuliodd fis yn ymweld â phobl yr oedd wedi eu hadnabod tra y bu'n gweithio ac yn teithio yn y wlad. Fe ddaeth i Iwerddon o Cherbourg yn Ffrainc, gan dreulio mis yn teithio gyda'r kickbike, ac yn beicio yn yr Almaen am fis cyn hynny. Dyma grwydryn yr unfed ganrif ar hugain felly.

Mae Teulu Ffosyffin yn dal mewn cysylltiad â Martin Ketzl a dyma'r wybodaeth a dderbyniwyd yn Awst 2017:

I remained on my long life journey, so I didn't come to internet very often. I and my kickbike are in a quite good condition. In Italy for autumn and wintertime. Usually staying in some wwoof or wwoofarm.

Yna teithiodd dros y pentir i Sisili, Ffrainc, Sbaen, Portiwgal a Moroco. Meddai:

I just love my life day by day, without planning, eating what I find or what I get on the road. Occasionally staying with people in farms (or on farms) who I meet on my way or in some parish occasionally.

Roedd y tywydd yn gynnes ofnadwy ym Mhortiwgal ac yn Andalucía yn ne Sbaen ac yn Moroco. Rhaid oedd chwilio am gysgod yn gynnar yn y bore. Bu Martin yn ffodus i gyfarfod â dynion tân Brasil a chael lloches, cysgod a chawod yn ystod oriau'r gwres tanbaid.

Ym Mhortiwgal cafodd brofiad annisgwyl:

Martin Ketzl, Dafydd Jones Ffosyffin a Goronwy Evans.

Dafydd Jones a'i wyrion yn ffarwelio â Martin Ketzl wrth iddo adael Ffosyffin ar ôl noson o gwsg yn y sied lloi.

I came into that area of the big wildfire and it was interesting to talk to local people. It was really a disaster to see and to travel in the middle of that burnt huge area of villages and forests. I took interior roads to Portugal over the hills and mountains where it was less traffic than along the coast where there are big cities. But I came to the Atlantic, as well, for a while.

Ar y cyntaf o Ionawr 2020 fe anfonodd Dafydd a'r teulu eu cofion ato a dymuno Blwyddyn Newydd Dda. Y tro yma daeth yr ymateb gyda'r troad, yntau'n dymuno Blwyddyn Newydd Dda iddynt hwythau a hynny o Dde Ffrainc yn y Pyrenees ble oedd yn gweithio ar fferm eifr a gwartheg fach:

Goats for cheese and cows for meat and making some good bread as well for local street market. I'm staying just for a week before continuing back to Toulouse City and then to France more likely, where I left my kickbike in a parish in Northern Italy (near Verona City). I did a little tour to see the family in Czech Republic, my friends in Germany plus another farm of 10-ish cows to milk and other friends in Toulouse (South of France).

Will see what will happen later this year, if I will travel on the kickbike to the North. To Finland I hope because I already was before in Norway, Iceland, Denmark and Sweden. I suggest it would be probably my last journey to the far North, I'm getting old and my body may ask for more warmth than cold. I wish you All the Best, very good body and spirit condition, patience, peace and hope, sometimes nice weather too.

Martin

Barddoniaeth a Cherddi am y Crwydriaid

I Grwydryn

Rhowch imi ffordd i'w thramwy,
A'r pell orwelion draw,
Blodau a dail ac adar
A haul a gwynt a glaw.

A phâr o sgidiau cryfion
Yn ddiddos am fy nhraed,
A'r hawl i fynd lle mynnwy',
Mae crwydro yn fy ngwaed

Ni fynnaf glod na chyfoeth
Na chysgod aelwyd glyd
Na theulu na chydymaith
Wrth grwydro ar hyd y byd

Cedwch eich swydd gysurus
A'ch cyflog saff am waith,
Digon i mi yw iechyd
A rhyddid ar fy nhaith.

Rhowch imi ffordd i'w thramwy
Boed lôn neu heol dar,
A'r cyfan oll a feddaf
Mewn pecyn ar fy ngwar.

Awyr a choed a chaeau
O'm cwmpas ar bob llaw,
Nes dod rhyw ddydd at orwel
Heb orwel arall draw.

T Llew Jones

Caniatâd: Gwasg Gomer
Hawlfraint: Ystad T Llew Jones

Y Crwydryn

Mewn bedd anorffen heno – y gorwedd.
   A chrug eira drosto,
  Heb elor, ac heb wylo,
  Angau'i hun a'i hebrwng o.

Dewi Emrys

Y Trempyn

Gan ymlusgo'n araf, araf
Gwelwyd ef yn dod o draw,
Minnau'n gwrando'r edn cyntaf
Eto'n canu yn y glaw.

Llwyd a charpiog oedd ei bilyn,
A oedd iddo fam a thad?
Pam y mynnai'r plant ei ddilyn?
Daeth ei salwach ef drwy'r wlad.

A thafodiaith a ddeallwn,
Daeth hyd ataf, druan tlawd,
Gwneuthum innau orau gallwn, –
Oni ddysgais beth yw brawd?

Aeth dros bennod ddu'i dreialon
Gyda chryndod yn ei lef,
A daeth dagrau lond fy nghalon, –
Un o blant y Ton oedd ef.

Anhysbys

Beddargraff Crwydryn

Adref y daeth o'i grwydro – heb aelwyd,
 Heb wely, ond heno
 Y pridd sy'n gysgod iddo,
 A chaead arch yw ei do.

O M Lloyd

Crwydryn

Gŵr yw mewn tred gareion, rhawn a chrwyn
 A chwareus ganeuon;
 Gŵr crac gyda phac a ffon,
 Ato cronna'r plant crynion.

(Englyn a adroddodd Isfoel i John Hughes, Montreal)

Y Crwydryn

Un â'i angerdd mewn cerdded – wedi llawn
    Adael llwybr uniongred;
  Gorfoledd gŵr y faled
  Yw llety shifft a gwellt shed.

             Isfoel

Y Crwydryn

Un llwydaidd ei ddilledyn – ar rodle'r
    Afradlon yw'r crwydryn;
    Cardota ei fara a fyn,
    A'i fwrdd yw llaw oferddyn

             Deryn Du Gwernogle,
             Y Parch Gwernogle Evans, Castell Nedd

Marw Tramp

Un rhwydwaith fu ei rodio, – ni welodd
    Hualau i'w rwystro;
  Er hyn, mynnodd erw'r gro
  Yn ei henaint i huno.

             Tîm Talwrn, Tan-y-groes

Y Crwydryn

Tân a bwyd rydd i'r Crwydryn – yn ei gur,
    Agored yw'r bwthyn;
  Cured eto'r cardotyn
  I dorri'r daith, brawd yw'r dyn.

Anhysbys

Y Crwydryn

Pan gladdwyd ei gariad, diflasodd y llanc
A threfnodd i adael ei fro –
Gan gefnu ar gartref, ar ffrindiau a chrefft,
Roedd drysau pob cysur ynghlo.
Dewisodd unigedd i gofio am Gwen
Gan rodio fel meudwy dan glwy.
Y llwybrau a ddenai ddau nwyfus a llon –
Ni feddent un swyn iddo mwy.

Gwell ganddo'r ffordd fawr a thawelwch y wlad,
Ni charai y dyrfa, fel cynt;
Ymgomiai â phlant, ond ni hoffai'r rhai hyn
A holent ei helynt a'i hynt.
Roedd blwch tan ei gesail ac ynddo ystôr
O nwyddau amrywiol a mân,
A sach ar ei ysgwydd, yn cynnwys cot fawr
Ei ymborth, tun te a chrys glân.

Dafydd Jones, Drefach House, Llanbed

Crwydro
(Cerdd i Dafydd Jones, Bwlch-llan)

Fe'i hedwyn pawb yn y cerbyd,
Batriarch ffyrdd cefn y wlad,
Wrth weled drachefn ei wen, hir farf,
Gwenant; ond nid mewn sarhad.

Dafydd y crwydryn dyfal
Rhwng deucorn ei ysgafn fen!
Heno fe orffwys mewn arall fro
Dan gwrlid yr eang nen.

Geilw ar etholedigion
Ei ffrindiau pan fyddo'n ddydd;
Ychydig o enllyn, a phapur ddoe
Neu echdoe – a bodlon fydd.

Fe leinw'n ei ddewis ffynnon
Ei lestr, – am y canfed tro;
Ac yna fel milwr yn syth ei gefn
Yn ôl at ei fen â fo.

Ond daw, fel y gŵyr yn burion,
Y dydd na bydd hynny mwy;
A'r fam sy'n goroesi ei phlant i gyd
A'i derbyn, – mewn newydd blwy'.

                                        Anhysbys

Crwydryn
(Cerddi Ffair Rhos)

Agorais ddrws yn ifanc
I grwydryn mawr ei swyn,
Goddefais gan rai annwyl
Do, ddirmyg er ei fwyn.
Ond pe bai ddeufwy'r dirmyg,
Ei gwmni oedd yn hedd:
Gan rym a gwin ei ramant
Newidiai'r byd ei wedd.

Ni wyddwn i mai crwydryn
Oedd ef yr adeg hon;
Ac yn y fan, ei fyned
Oedd cyntaf ing fy mron.
Daeth eilwaith, cefnodd eilwaith;
Aeth, daeth gynifer tro,
Er hyn erioed ni pheidiais
Agoryd iddo fo.

Ai ti sydd heno eto
Yn curo wrth ddrws fy mron?
A pha ryw stori newydd
Sydd gennyt y waith hon?
Na, er morteisio'r asgwrn
A chlytio'r wisg o gnawd,
Y mae'r dirgelwch fel erioed,
A bedd ar ben ein rhawd.

Anhysbys

Yr Hen Grwydryn

Rhodio yw ei baradwys, – gwael ei siwt,
 Gwâl o sarn i orffwys,
 Afrad ei fyd a chyfrwys
 Ac ar ei bac rhy ei bwys.

Alun Cilie

Hen Esgid

Esgid rhy hen i'w gwisgo, – heb 'arrai
 Fe'i bwriwyd hi heibio;
 Ond er hyn gwna yr un dro
 Am bwtyn i dramp eto.

Isfoel

Beddargraff y Sipsi

Hen aderyn diaros – a ddaliwyd
 Dan glo'r ddwylath ddiddos,
 Llonwalch y babell unnos,
 Dan len ei anorffen nos.

Tommy Evans, Tegryn

Y Crwydryn

"Os gwelwch yn dda, Syr, rhowch geiniog."
Medd crwydryn, "Fy ffawd i sydd wan."
Fel un sydd yn euog
O helpu'r anghennog
Cydsyniais â'i gais yn y fan.

'Rôl diolch, "rhowch damaid o baco,"
Medd wedyn, "mae arnaf chwant chwiff."
Mi roes hynny iddo
Gan weled fod ganddo
Feiddgarwch oedd dipyn yn stiff.

"Os gwelwch yn dda rhowch im fatsien,"
Medd wedyn "cael tanio mhib glai."
Mi roes iddo fatsien
Ond nid heb wneud cilwen
Wrth weld ei eofndra di-drai.

Fel un sydd yn hoff o gellweirio
Gofynnais yn awr iddo fe –
Beth garech gael eto?
A hoffech im smocio
Eich pib fergoes ddu yn eich lle?

"O na," ebe yntau'n ddigyffro
Fel pe bai heb lyncu y snap;
"Mi fedraf smocio
Fy hunan wrth rodio
I'r dref erbyn yr open tap."

Anhysbys

Y Fflam

Carafán goch a milgi brych
A chaseg gloff yng nghysgod gwrych;
A merch yn dawnsio i ysgafn gân
A chrwth ei chariad yng ngolau'r tân.

Cyfyd y tân ei wenfflam fry
Fel braich am wddf y crochan du;
A'r Sipsi tal a rydd dan sêl
Ei lw o serch ar fin o fêl.

Dros ael y bryn y dring y lloer,
Mae'r tân yn awr fel hithau'n oer;
Angerdd pob fflam, a thân pob nwyd,
A dry'n ei dro yn lludw llwyd.

I D Hooson

Hefyd gan yr awdur:

CYFRES TI'N JOCAN

hiwmor
PREGETHWR

yr olfa

Goronwy Evans

£3.95

Hefyd o'r Lolfa:

£4.99

Dechrau Canu, Dechrau Wafflo

KEES HUYSMANS

£9.99

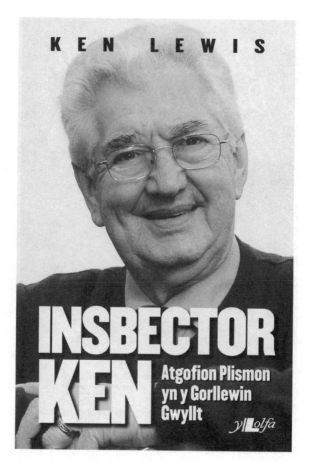

KEN LEWIS

INSBECTOR KEN
Atgofion Plismon yn y Gorllewin Gwyllt

y Lolfa

£9.95

Holwch am bris argraffu!
www.ylolfa.com